제2판

알기 쉬운
국제상거래론

이양기

An Intelligible Theory of International Commerce

도서출판 청람

| 제2판 머리말 |

본 교재의 출간을 앞둔 시점에 COVID-19 사태가 전 세계를 강타하였고, 러시아의 우크라이나 침략은 전 세계 경제를 최악의 상황으로 몰아가고 있다. 지표상으로 볼 때도 세계경제와 한국경제 모두 침체의 늪으로 빠져들고 있다. 세계은행은 2023년 글로벌 성장률 전망치를 대폭 하향 조정하면서 2022년 6월 전망치인 3%에서 1.7%로 하향 수정하였고, 높은 인플레이션, 금리 인상, COVID-19 팬데믹 재확산, 지정학적 긴장 고조 등의 부정적인 요인들이 세계경제를 침체에 빠뜨릴 수 있다고 보았다. 한국의 2022년 연간 무역적자 규모도 역대 최대인 472억 달러에 이르렀고, 한국 정부가 2023년 경제성장률 전망치를 1.6%로 제시하고 있다는 점은 우리를 암울하게 한다.

그러나 우리는 인류사를 통하여 중세 흑사병이나 콜레라, 스페인 독감과 두 차례 세계대전 등 유사한 어려운 시기를 겪었고 또 극복하여 오늘에 이르고 있다. 2022년에 세계 경제가 어려운 상황이었지만 한국은 수출과 수입을 합친 전체 무역규모(수출 6,840억 달러, 수입 7,312억 달러)에서 2021년 8위에서 2022년에 6위로 두 단계 올라섰고, 세계 수출 순위도 6위로, 전년 7위에서 한 단계 상승한 것으로 나타나 깊은 절망 속에서도 희망을 찾았다.

제2판의 개정은 무엇보다도 대학 현장에서 직접 또는 온라인 강의를 통하여 학생들이 쉽게 이해하는 데 부족하거나 잘못된 어휘, 어법의 오류를 바로잡고자 하였다. 출간된 지 3년을 맞아 국제상거래의 내용을 간단하고 명료하게 소개함으로써 무역에 관한 관심과 흥미를 유도하고 누구나가 일상생활에서 무역을 경험하고 있고, 친근한 분야라는 것을 보여주고자 하는 기존의 큰 틀을 유지하였다. 또한 그동안 강의를 담당한 교수님들과 학생들의 문의와 요청을 정리하여 부족한 내용은 보완하고자 하였다.

적은 분량이지만 개정에 쏟아부은 노력은 적지 않았다. 이번 개정에는 대학 현장의 강의를 통하여 학생들의 요구사항을 반영하는 등 보다 충실한 도서를 출간하게 되었다는 점에 큰 의미를 두고자 한다. 저자들과 활발하게 의사소통을 통하여 더 좋은 책을 만들기 위하여 헌신해 주시는 도서출판 청람의 이수영 사장님과 편집부 선생님들께 다시 한번 감사의 마음을 전한다.

2023년 2월

경제통상관 연구실에서

저자 이양기

| 차례 |

CHAPTER 01 무역의 기본개념

CHAPTER 02 무역계약

CHAPTER 03 무역계약조건

CHAPTER 04 INCOTERMS® 2020

CHAPTER 05 무역결제

CHAPTER 06 국제물품운송

CHAPTER 07 해상보험

CHAPTER 08 통관

CHAPTER 09 무역서류

CHAPTER 10 무역클레임과 분쟁해결

CHAPTER 1

무역의 기본개념

1. 무역의 개념
2. 무역의 종류
3. 무역업의 창업
4. 수입절차(신용장방식)
5. 수출절차

1 무역의 개념

무역(international trade)은 문화, 관습, 법규 등이 서로 상이한 국가에 존재하는 기업, 국가, 개인 등의 경제주체 사이에서 매매를 목적으로 재화 또는 용역을 상호 교환(exchange)하는 국제상거래(international commerce transaction)이다.

무역 관련 국제상관습 및 법규

(1) 계약 관련

① 국제물품매매계약에 관한 유엔협약(UNCISG 또는 CISG) – 비엔나협약
② SGA1979(Sales of Good Act 1979) – 영국의 물품매매법
③ Incoterms® 2020, 2010 등 – 정형거래규칙

(2) 결제 관련

① 신용장 – UCP600(화환신용장통일규칙)
② 신용장 관련 서류의 전자적 제시 – eUCP
③ 환어음 – 추심에 관한 통일규칙(Uniform Rules for Collections 1995)
④ ISBP(International Standard Bank Practice) – 국제표준은행관행

(3) 운송 관련

① 해상운송 관련 – 헤이그규칙(Hague Rules), 헤이그–비스비규칙(Hague–visby Rules), 함부르크규칙(Hamburg Rules), 로테르담규칙
② 항공운송 관련 – 와르소(Warsaw)조약, 몬트리올조약, 헤이그의정서
③ 철도운송 관련 – 국제철도물품운송조약(CIM Convention)
④ 도로운송 관련 – 제네바 국제협약(CMR Convention)
⑤ 복합운송 관련 – 복합운송에 관한 UNCTAD/ICC규칙, FCA, CIP, CPT

(4) 보험 관련

① MIA1906(Marine Insurance Act 1906) – 영국해상보험법
② ICC(Institute Cargo Clause) 협회적하약관 – ICC에서 제정한 해상보험적하약관
③ 요크–엔트워프규칙(York Antwerp Rules) – 공동해손에 관한 국제적인 통일규칙

(5) 중재 관련

뉴욕협약(New York Convention) – 외국중재판정의 승인 및 집행에 관한 협약

2 무역의 종류

1) 물품의 이동방향에 따른 분류

(1) 수출무역(Export Trade)

수출무역은 국내에서 외국으로 물품을 반출하는 것을 말한다.

(2) 수입무역(Import Trade)

수입무역은 국내에 필요한 물품을 외국으로부터 반입하는 것을 말한다.

2) 제3자 개입 여부에 따른 분류

(1) 중계무역(Intermediate Trade)

중계무역은 중계상이 물품을 수출할 것을 목적으로 자기책임과 비용부담으로 수입한 후 다시 제3국으로 수출함으로써 매매차익을 얻는 거래이다.

그림 1-1 중계무역

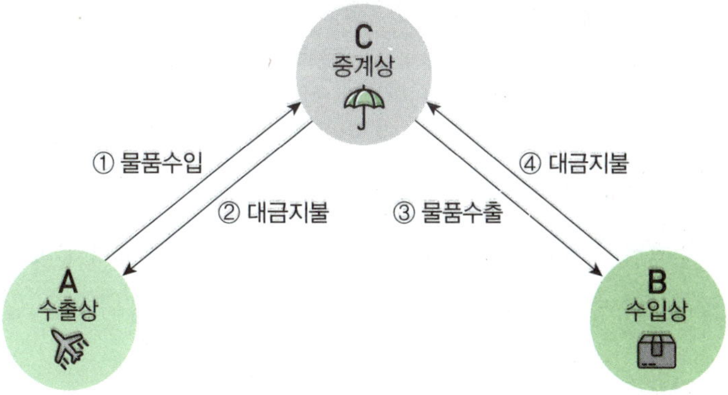

(2) 중개무역(Merchandising Trade)

중개무역은 수출국과 수입국의 중간에서 제3국의 상인이 중개 · 알선하여 거래가 이루어지는 경우 제3국의 중개인 입장에서 볼 때의 무역을 말한다.

그림 1-2 거래마진조건 중개무역

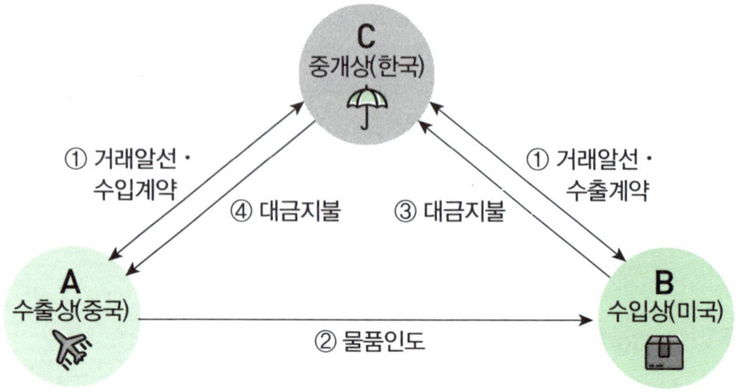

그림 1-3 수수료조건 중개무역

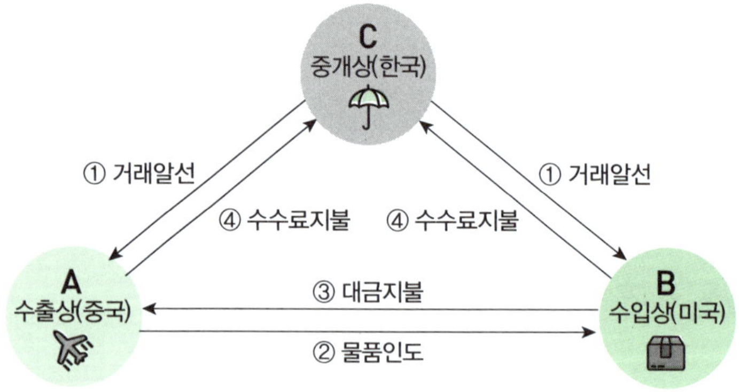

cf. 중개수수료: 통상 송장금액을 기준으로 미국은 10~15%, 한국은 3~5%가 관례

(3) 통과무역(Transit Trade)

통과무역은 양국 간에 무역이 행해질 때 물품이 수출국에서 수입국으로 직접 전달되지 못하고 제3국을 거쳐서 수입국으로 전해지는 형태의 무역을 말한다.

(4) 스위치무역(Switch Trade)

스위치무역은 매매계약과 물품의 수출입은 당사자 간에 이루어지나 대금결제는 제3국의 상사를 통해 이루어지는 무역형태를 말한다.

3) 연계무역(Counter Trade)

(1) 물물교환(Barter Trade)

물물교환은 통화결제가 수반되지 않는 순수한 연계무역방식을 말한다. 예를 들어 우리나라의 수출상이 대만의 수입상에게 사과를 수출하고, 이에 대한 대가로서 바나나를 수입함으로써 상계처리하는 방식이 이에 해당된다.

(2) 구상무역(Compensation Trade)

① 수출입하는 물품대금의 전부 또는 일부를 그에 상응하는 수입 또는 수출로 상계하는 것을 말한다.

② 구상비율(compensation rate)이 100%인 경우를 물물교환이라고 할 수 있다.

③ 구상무역은 일반적으로 하나의 계약서에 의해 거래가 이루어지며, 환거래가 발생하고 대응수입의무를 제3국에 전가할 수 있다는 점을 제외하고는 물물교환방식과 동일하다.

(3) 대응구매(Counter Purchase)

① 수출과 수입이 두 개의 별도 계약서에 의하여 거래가 이루어지는 형태를 말한다.

② 형식상 완전 분리된 두 개의 일반무역거래형태로서 환거래가 발생하고, 거래

표 1-1 연계무역의 종류

구분	물물교환	구상무역	대응구매
계약서 작성	하나의 계약	하나의 계약	두 개의 별도 계약
신용장 발행	×	• Back to Back L/C • Escrow L/C • Thomas L/C • 특수신용장 사용	두 개의 일반신용장 발행
환거래 수반	×	○ (당사자 간 합의된 통화로 결제)	○ (당사자 간 합의된 통화로 결제)
대응수입 이행기간	동시에 물품교환	통상 3년 이내	통상 5년 이내
대응수입의무 제3국 이전	×	○	○

당사자 간에 합의된 통화로 결제한다.

③ 대응수입의 의무를 제3국에 전가시키는 것이 가능하다.

(4) 산업협력(Industrial Cooperation)

산업협력은 플랜트, 장비, 기술 수출에 대응하여 동 설비로 제조 및 생산되는 제품을 수입하는 거래형태인 제품환매(buy back deal)와 자본참여, 판매망 제공 등의 합작투자(joint venture)의 두 가지 형태가 있다.

4) 기타 방식의 유형

(1) 녹다운 수출(Knock-down Export)

① 녹다운 수출은 완제품을 수출하는 것이 아니라 조립할 수 있는 시설과 능력을 가지고 있는 거래처에 대하여 부품이나 반제품으로 수출하고 실수요지에서 제품을 완성하는 현지조립방식의 수출을 말한다.

② 이는 선진국의 자동차 등 주로 기계류 수출에서 볼 수 있는데, 완제품에 대한 수입제한이나 고율의 관세가 부과되는 것을 피하여 상대방의 시장에 침투할 수 있다는 장점이 있다.

(2) OEM(Original Equipment Manufacturing: 주문자상표 부착방식)

① 수입상으로부터 제품생산을 의뢰받아 상대방의 상표를 부착하여 인도하는 방식의 수출을 말한다.

② 수출국의 입장에서 수출확대와 기술축적의 계기가 되는 이점이 있으나, 수출국 상표에 대한 이미지 제고와 독자적인 수출시장의 개척이 어렵다는 불리한 점도 있다.

(3) ODM(Original Development Manufacturing: 제조업자 개발생산방식)

① 제조업자에 의한 개발생산 수출방식을 말한다. 주문자의 요구에 따라 제조업자가 제품을 생산하는 방식이며, 수출업체는 반드시 자체 제품개발능력이 있어야 한다.

② 공급가에 개발비를 추가할 수 있어 OEM에 비해 부가가치가 높다.

③ 부품가격의 절감으로 원가절감효과가 발생한다.

④ 특히 휴대폰 단말기 분야에서 ODM방식 수출이 크게 늘어나고 있다.

(4) BWT(Bonded Warehouse Transaction: 보세창고도 거래방식)

① 수출자가 수입국 내의 보세구역 보세창고에 미리 화물을 반입해 두고, 수입자와 계약을 확정하여 이를 판매하는 거래방식을 말한다.

② 이는 대개 수출용원자재를 수입할 때 사용한다. 수입자는 수출국과의 거리가 먼 경우에 원자재를 수입한 후 가공·제조하여 재수출하는 데에 상당한 시일이 소요된다. 따라서 사전에 수출업자가 수입국의 보세구역에 물품을 운송해 놓으면, 수입자가 요청할 때 즉시 매매할 수 있게 된다.

3 무역업의 창업

무역업을 하고자 한다면 관할 세무서에 사업자등록을 하여야 한다. 대부분 처음에는 개인사업자로 사업자등록을 하고 있으며 향후 기업이 성장한 후 법인으로 전환하는 경우가 대부분이다. 처음부터 법인으로도 창업할 수 있으며 무역업을 창업하는 데 있어 사업자등록상에 특별한 제한요건은 없다.

무역업의 경우 처음부터 거래처가 있는 상태에서 창업을 한다면 법인으로 설립하는 것도 좋은 방법일 수 있다. 하지만 아직 거래처나 아이템이 선정되지 않는 상태에서는 사업자등록부터 하는 것은 바람직하지 못하다고 할 수 있다. 따라서 좋은 아이템이 선정된 상태에서 본격적인 사업을 시작하는 것이 비용 낭비를 줄이고 기업의 건전한 발전을 유도할 수 있다.

1) 사업자등록 신청

(1) 직접 신청

사업자등록 신청은 사업개시일로부터 20일 이내에 사업을 하고자 하는 장소(사업장)의 관할 세무서장에게 사업자등록 신청서를 제출하여야 한다. 이 경우 직접 세무서에 가서 신청할 수도 있고 온라인으로도 신청이 가능하다.

직접 신청하는 경우에는 사업장을 임차한 경우에는 임대차계약서 사본, 법령에 의하여 허가를 받거나 등록 또는 신고를 하여야 하는 사업의 경우에는 사업허가증 또는 신고필증의 사본 등 필요한 구비서류를 준비하여야 한다.

자신의 주거지에서 창업을 할 수도 있기 때문에 이 경우에는 임대차계약서 사본은 필요하지 않다. 다만 전세인 경우에는 전세임대차계약서 사본이 필요하다.

(2) 온라인 신청

온라인으로 신청하고자 한다면 국세청 홈텍스(HTS: www.hometax.go.kr)에 접속하여 신청하면 된다.

온라인 신청의 경우 임대차계약서 등 기타 필요한 서류들을 사전에 스캔하여 준비하고 전자 사업자등록 신청서를 작성한 후 스캔한 서류들을 첨부하여 제출하면 민원이 처리된다.

그림 1-4 국세청 홈텍스

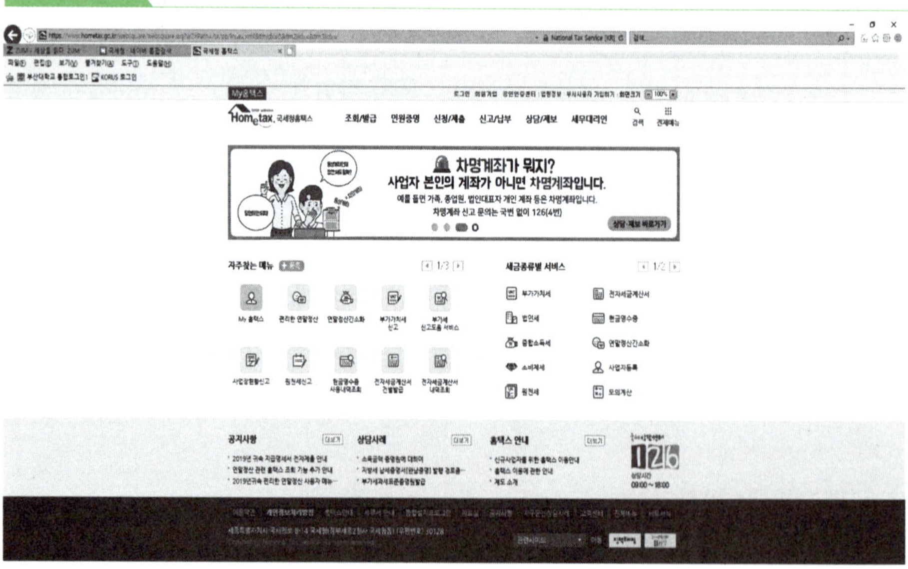

■ 부가가치세법 시행규칙 [별지 제4호 서식]

사업자등록 신청서(개인사업자용)
(법인이 아닌 단체의 고유번호 신청서)

※ 사업자등록의 신청 내용은 영구히 관리되며, 납세 성실도를 검증하는 기초자료로 활용됩니다.
아래 해당 사항을 사실대로 작성하시기 바라며, 신청서에 본인이 자필로 서명해 주시기 바랍니다.
※ [ ]에는 해당되는 곳에 √표를 합니다. (앞쪽)

접수번호		처리기간	3일(보정기간은 불산입)

1. 인적사항

상호(단체명)		연락처	(사업장 전화번호)
성명(대표자)			(주소지 전화번호)
			(휴대전화번호)
주민등록번호			(FAX 번호)
사업장(단체) 소재지			층 호

2. 사업장 현황

업종	주업태		주종목		주생산 요소		주업종 코드	개업일	종업원 수
	부업태		부종목		부생산 요소		부업종 코드		

사이버몰 명칭		사이버몰 도메인	

사업장 구분	자가 면적	타가 면적	사업장을 빌려준 사람 (임대인)			임대차 명세		
			성명 (법인명)	사업자 등록번호	주민(법인) 등록번호	임대차 계약기간	(전세) 보증금	월세(차임)
	㎡	㎡				. . . ~ . . .	원	원

허가 등 사업 여부	[ ]신고 [ ]등록 [ ]허가 [ ]해당 없음	주류면허	면허번호	면허신청
				[ ]여 [ ]부

개별소비세 해당 여부	[ ]제조 [ ]판매 [ ]입장 [ ]유흥

사업자금 명세 (전세보증금 포함)	자기자금	원	타인자금	원
사업자 단위 과세 적용신고 여부	[ ]여 [ ]부		간이과세 적용 신고 여부	[ ]여 [ ]부
전자우편주소			국세청이 제공하는 국세정보 수신동의	[ ]문자(SMS) 수신에 동의함(선택) [ ]전자우편 수신에 동의함(선택)

그 밖의 신청사항	확정일자 신청 여부	공동사업자 신청 여부	사업장소 외 송달장소 신청 여부	양도자의 사업자등록번호 (사업양수의 경우에만 해당함)
	[ ]여 [ ]부	[ ]여 [ ]부	[ ]여 [ ]부	

210mm×297mm[백상지 80g/㎡ 또는 중질지 80g/㎡]

(뒤쪽)

3. 사업자등록 신청 및 사업 시 유의사항 (아래 사항을 반드시 읽고 확인하시기 바랍니다)

가. 다른 사람에게 사업자명의를 빌려주는 경우 사업과 관련된 각종 세금이 명의를 빌려준 사람에게 나오게 되어 다음과 같은 불이익이 있을 수 있습니다.
 1) 조세의 회피 및 강제집행의 면탈을 목적으로 자신의 성명을 사용하여 타인에게 사업자등록을 할 것을 허락하거나 자신 명의의 사업자등록을 타인이 이용하여 사업을 영위하도록 한 자는 「조세범 처벌법」 제11조제2항에 따라 1년 이하의 징역 또는 1천만원 이하의 벌금에 처해집니다.
 2) 소득이 늘어나 국민연금과 건강보험료를 더 낼 수 있습니다.
 3) 명의를 빌려간 사람이 세금을 못 내게 되면 체납자가 되어 소유재산의 압류 · 공매처분, 체납명세의 금융회사 등 통보, 출국규제 등의 불이익을 받을 수 있습니다.

나. 다른 사람의 명의로 사업자등록을 하고 실제 사업을 하는 것으로 확인되는 경우 다음과 같은 불이익이 있을 수 있습니다.
 1) 조세의 회피 또는 강제집행의 면탈을 목적으로 타인의 성명을 사용하여 사업자등록을 하거나 타인 명의의 사업자등록을 이용하여 사업을 영위한 자는 「조세범 처벌법」 제11조제1항에 따라 2년 이하의 징역 또는 2천만원 이하의 벌금에 처해집니다.
 2) 「부가가치세법」 제60조제1항제2호에 따라 사업 개시일부터 실제 사업을 하는 것으로 확인되는 날의 직전일까지의 공급가액 합계액의 1%에 해당하는 금액을 납부세액에 더하여 납부해야 합니다.
 3) 「주민등록법」 제37조제10호에 따라 다른 사람의 주민등록번호를 부정하게 사용한 자는 3년 이하의 징역 또는 3천만원 이하의 벌금에 처해집니다.

다. 귀하가 재화 또는 용역을 공급하지 않거나 공급받지 않고 세금계산서 또는 계산서를 발급하거나 발급받은 경우 또는 이와 같은 행위를 알선 · 중개한 경우에는 「조세범 처벌법」 제10조제3항 또는 제4항에 따라 3년 이하의 징역 또는 공급가액에 부가가치세의 세율을 적용하여 계산한 세액의 3배 이하에 상당하는 벌금에 처해집니다.

라. 신용카드 가맹 및 이용은 반드시 사업자 본인 명의로 해야 하며 사업상 결제목적 외의 용도로 신용카드를 이용할 경우 「여신전문금융업법」 제70조제3항제2호부터 제6호까지의 규정에 따라 3년 이하의 징역 또는 2천만원 이하의 벌금에 처해집니다.

창업자 멘토링 서비스	신청 여부	[ ]여 [ ]부

※ 세무대리인을 선임하지 못한 경우 신청가능하며, 서비스 제공요건을 충족하지 못한 경우 서비스가 제공되지 않을 수 있음

대리인이 사업자등록신청을 하는 경우에는 아래의 위임장을 작성하시기 바랍니다.

위임장	본인은 사업자등록 신청과 관련한 모든 사항을 아래의 대리인에게 위임합니다. 본인: (서명 또는 인)		
대리인 인적사항	성명	주민등록번호	전화번호	신청인과의 관계

위에서 작성한 내용과 실제 사업자 및 사업내용 등이 일치함을 확인하며, 「부가가치세법」 제8조제1항 · 제3항, 제61조제3항, 같은 법 시행령 제11조제1항 · 제2항, 제109조제4항, 같은 법 시행규칙 제9조제1항 · 제2항 및 「상가건물 임대차보호법」 제5조제2항에 따라 사업자등록 ([ ]일반과세자[ ]간이과세자[ ]면세사업자[ ]그 밖의 단체) 및 확정일자를 신청합니다.

년 월 일

신청인: (서명 또는 인)

위 대리인: (서명 또는 인)

세무서장 귀하

신고인 제출서류	1. 사업허가증 사본, 사업등록증 사본 또는 신고확인증 사본 중 1부(법령에 따라 허가를 받거나 등록 또는 신고를 해야 하는 사업의 경우에만 제출합니다) 2. 임대차계약서 사본 1부(사업장을 임차한 경우에만 제출합니다) 3. 「상가건물 임대차보호법」이 적용되는 상가건물의 일부분을 임차한 경우에는 해당 부분의 도면 1부 4. 자금출처명세서 1부(금지금 도매 · 소매업, 과세유흥장소에서의 영업, 액체연료 및 관련제품 도매업, 기체연료 및 관련제품 도매업, 차량용 주유소 운영업, 차량용 가스 충전업, 가정용 액체연료 소매업, 가정용 가스연료 소매업, 재생용 재료 수집 및 판매업을 하려는 경우에만 제출합니다)	수수료 없음

유의사항

사업자등록을 신청할 때 다음 각 호의 사유에 해당하는 경우에는 붙임의 서식 부표에 추가로 적습니다.
 1. 공동사업자가 있는 경우
 2. 사업장 외의 장소에서 서류를 송달받으려는 경우
 3. 사업자 단위 과세 적용을 신청하려는 경우(2010년 이후부터 적용)

210mm×297mm[백상지 80g/㎡ 또는 중질지 80g/㎡]

2) 무역업고유번호 부여

2000년 1월 우리나라는 각종 규제완화조치의 일환으로 무역거래의 자율성을 높이고 무역의 원활화를 위하여 기존의 무역업종에 대한 규제를 무역업고유번호로 통폐합하여 무역업에 대하여 자유화를 실시하였다. 이로 인해 무역업종에 대해서는 사업자등록을 가진 사업자는 누구나 할 수 있게 되었다.

현재는 국가 수출입통계처리를 위해 무역거래자별 무역업고유번호[1]를 부여하도록 하고 있으나 강제성은 전혀 없다. 하지만 무역거래를 하는 경우 관세법규정에 의거하여 수출입신고를 하는 경우 무역업고유번호를 상호명과 함께 기재하여야 하기 때문에 무역업고유번호를 부여받는 것이 유익하며 무역업고유번호 발급에 대한 별도의 수수료는 없다.

무역업 허가/등록 변천

허가제(1986.1) → 등록제(1994.1) → 신고제(1997.3) → 자율화(2000.1: 무역업고유번호)

무역업고유번호를 신청하고자 하는 경우 신청 시 다음의 구비서류를 첨부하여 무역센터 내 무역회관이나 지방인 경우 무역협회 지부에 신청을 하면 된다.

① 사업자등록증 사본 1부

② 무역업고유번호신청서(소정양식) 1부

그리고 무역협회의 정회원으로 가입[2]을 하는 경우에는 회원가입 시 무역업고유번호 취득서비스를 받을 수 있다.

무역업에 대한 사업자등록을 하고 무역업고유번호를 부여받았다고 무역을 하는데 있어서 모든 행정적 규제에 대해 자유로울 수는 없다. 수출입을 하는 경우 해당 물품의 종류에 따라서 다른 기관이나 관계법령에 따른 규제사항이 있을 수 있다.

1) 무역협회의 무역업고유번호 취득은 정부에서 수출입통계 및 무역금융의 혜택, 수출입실적의 인정을 받을 수 있는 장점이 있다.

2) ① 회원가입신청서 1부(무역협회 회원가입의 경우), ② 가입비용 35만 원(입회비 20만 원, 연회비 15만 원)

예를 들어 식품을 수입하고 하는 경우에는 수입자는 반드시 2종 근린 생활시설에 설치한 사업자등록증은 물론 식품위생법규정에 따른 식품 관련 영업신고증을 필히 구비하여 '수입식품등수입판매업'신고를 하여야 한다. 영업신고증은 사업장 관할 시, 구, 군청 보건복지부 위생과에 신청하여 등록하여야 하며, 영업신고증을 신청하고 등록하는 경우 면허세 및 등록비도 들어가고 한국식품공업협회에서 지정한 일자에 4시간 교육을 필히 이수하여야 한다. 식품의 경우 검역이 필수적으로 필요하기 때문에 수출국에서 수출자가 검역을 받고 검역증원본을 발급받아 보내도록 하여 한국에서 식품검사 시 필히 제출하여야 한다. 완전가공식품이면 생산자 및 수출자가 발급한 성분표, 제조공정도를 받아서 식품검사 시 제출하여야 하며, 단순가공식품일 경우는 식물검역 및 수산물검역, 축산물검역 등을 받아야 한다.

또한 최소단위 포장에 '식품위생법에 의한 한글표시사항'을 필히 표시하여야 한다. 초도물량 수입 시에는 농약잔류검사 외 47개 항목 이상 식품정밀검사를 받아야 하며 비용은 약 50만 원 정도 소요된다. 따라서 초도물량은 안전을 위하여 적은 수량을 수입하여 식품정밀검사를 받아 합격 후 2차 선적부터 다량으로 수입하는 게 바람직하다.

3) 무역업의 유형

무역경영의 주체는 무역을 업으로 영위하는 무역업자이다. 여기서 무역업이란 무역업자가 자기명의로 자기책임하에 물품의 수출과 수입을 업으로 영위하는 것을 말한다. 무역은 수출상과 수입상 사이에 소유권 이전을 전제로 한다. 따라서 일반무역업은 수출업과 수입업 그리고 수출과 수입을 동시에 영위하는 수출입업 등 다양한 형태로 운영될 수 있다.

(1) 수출업

수출업(export merchant)은 수출을 전업으로 하여 생산설비를 갖추고 제품을 생산하여 수출하거나 또는 그 밖의 공급자로부터 상품을 구입하여 해외로 매각하는 것을 말한다. 따라서 수출업은 자신의 명의와 계산에 의하여 이윤(margin) 베이스로 거래하는 것이기 때문에 그 수익은 판매가격과 구입가격과의 차액으로 일정하지 않으며, 당연히 신용위험(credit risk)을 부담하게 된다.

(2) 수입업

수입업(import merchant)은 자신의 명의와 계산으로 본인(principal)의 입장에서 해외의 수출상으로부터 직접 또는 자국에 있는 판매대리점을 통하여 계약하고 수입하여 자국의 도매상·제조업자에게 판매하거나 해외로 재수출하는 것을 말한다.

(3) 해외현지수출법인

무역거래의 규모와 범위가 확대되면 해외현지시장의 정보수집과 조사, 시장개척을 위하여 해외현지시장에 직접 진출을 꾀하게 된다. 해외마케팅의 가장 유효한 방법은 수출을 직접 현지국에 할 수 있는 해외지점 또는 자회사를 설치하는 것이다.

(4) 무역대리업

무역대리업(import or export agent)은 외국의 수입상 또는 수출상의 위임을 받은 자가 국내에서 수출품의 구매 또는 수입계약의 체결과 이들에 부대되는 행위를 업으로 영위하는 것을 말한다.

무역대리업자는 수출상 또는 수입상으로부터 수수료를 받고 수출입을 중개·알선·보조하는 자로서, 수출입 본거래에 자기명의를 사용하지 않는다. 즉 본인(principal)이 아닌 계약대리인(agent)으로서 수출입계약단계에서만 개입하여 계약대리권만 행사하므로 수출입 본거래에 대하여는 법률적 책임이 없다.

(5) 무역대행업

무역대행업은 수출입업자가 대행위탁자와의 수출입대행계약에 따라 일정한 대행수수료를 받고서 자신의 명의로 거래하는 무역업자로서, 자기명의로 자기책임하에 거래한다는 점에서 무역대리업과 구별된다. 따라서 무역대행업자는 무역대행을 할 경우 대외무역법 및 금융거래상 무역업자로서의 책임을 져야 한다.

무역대행업은 수출 또는 수입의 대행계약에 따라 일정한 수수료를 받고서 자기명의로 수출입을 수행하는 것으로시 대행자는 자기명의로 거래함에 따른 수출입승인·사후관리 등의 책임을 지며, 대행자와 위탁자의 관계는 대행계약에 의하여 정해진다.

[별지 제1호 서식]

무역업고유번호신청서

APPLICATION FOR TRADE BUSINESS CODE

처리기간(Handling Time)
즉 시(Immediately)

① 상호 (Name of Company)		② 무역업고유번호 (Trade Business Code)	
③ 주소 (Address)			
④ 전화번호 (Phone Number)		⑤ 이메일주소 (E-mail Address)	
④ 팩스번호 (Fax Number)		⑥ 사업자등록번호 (Business Registry Number)	
⑦ 대표자 성명 (Name of Rep.)			

「대외무역법 시행령」 제21조 제1항 및 대외무역관리규정 제24조에 따라 무역업고유번호를 위와 같이 신청합니다.

I hereby apply for the above-mentioned trade business code in accordance with Article 24 of the Foreign Trade Management Regulation.

신청일 : 년 월 일
Date of Application Year Month Day

신청인 : (서명)
Applicant Signature

사단법인 한국무역협회 회장
Chairman of Korea International Trade Association

유의사항 : 상호, 대표자, 주소, 전화번호 등 변동사항이 발생하는 경우 변동일로부터 20일 이내에 통보하거나 무역업데이터베이스에 수정입력하여야 함.

[별지 제2호 서식]

무역업고유번호신청사항 변경통보서

NOTIFICATION OF AMENDMENTS TO TRADE BUSINESS CODE

처리기간(Handling Time)
즉 시(Immediately)

① 상호 (Name of Company)			② 무역업고유번호 (Trade Business Code)	
③ 주소 (Address)				
④	전화번호 (Phone Number)		⑤ 전자우편주소 (E-mail Address)	
	팩스번호 (Fax Number)		⑥ 사업자등록번호 (Business Registry Number)	
⑦ 대표자성명 (Name of Rep.)				

변경내용(Contents of Amendment)	
변경 전(Before Amendment)	변경 후(After Amendment)

대외무역관리규정 제24조에 따라 무역업고유번호 신청사항의 변경내용을 위와 같이 통보합니다.

I hereby notify the above-mentioned amendment(s) to the trade business code in accordance with Article 24 of the Foreign Trade Management Regulation.

신청일 : 년 월 일
Date of Application Year Month Day

신청인 : (서명)
Applicant Signature

사단법인 한국무역협회 회장
Chairman of Korea International Trade Association

※ 첨부서류 : 변경사항 증빙서류

4 수입절차(신용장방식)

① 수입물품을 선정한다.

② 수입승인과 수입요건을 확인한다.

그림 1-5 수입절차

③ 해외거래처를 물색한다.
④ 수입계약을 체결한다.
⑤ 수입신용장을 발행한다.
⑥ 대금결제 및 선적서류를 인수한다.
⑦ 수입통관 및 물품을 수령한다.

5 수출절차

1) 신용장방식

① 수출물품을 선정한다.
② 수출시장을 조사한다.
③ 수출승인이나 수출요건을 확인한다.
④ 바이어를 선정하고 수출계약을 체결한다.
⑤ 수출신용장을 접수한다.
⑥ 수출물품을 조달하고 무역금융을 이용한다.
⑦ 수출검사와 포장을 실시한다.
⑧ 해상운송 및 해상보험계약을 체결한다.
⑨ 수출통관절차를 시작한다.
⑩ 물품을 선적한다.
⑪ 수출대금을 회수한다.
⑫ 관세환급을 신청한다.

2) 기타 결제방식

① 수출물품 선정, 수출시장 조사 및 수출승인이나 수출요건을 확인한다.
② 바이어를 선정하며 수출계약을 체결한다.
③ 선불일 경우 대금을 수취한다.

그림 1-6 수출절차

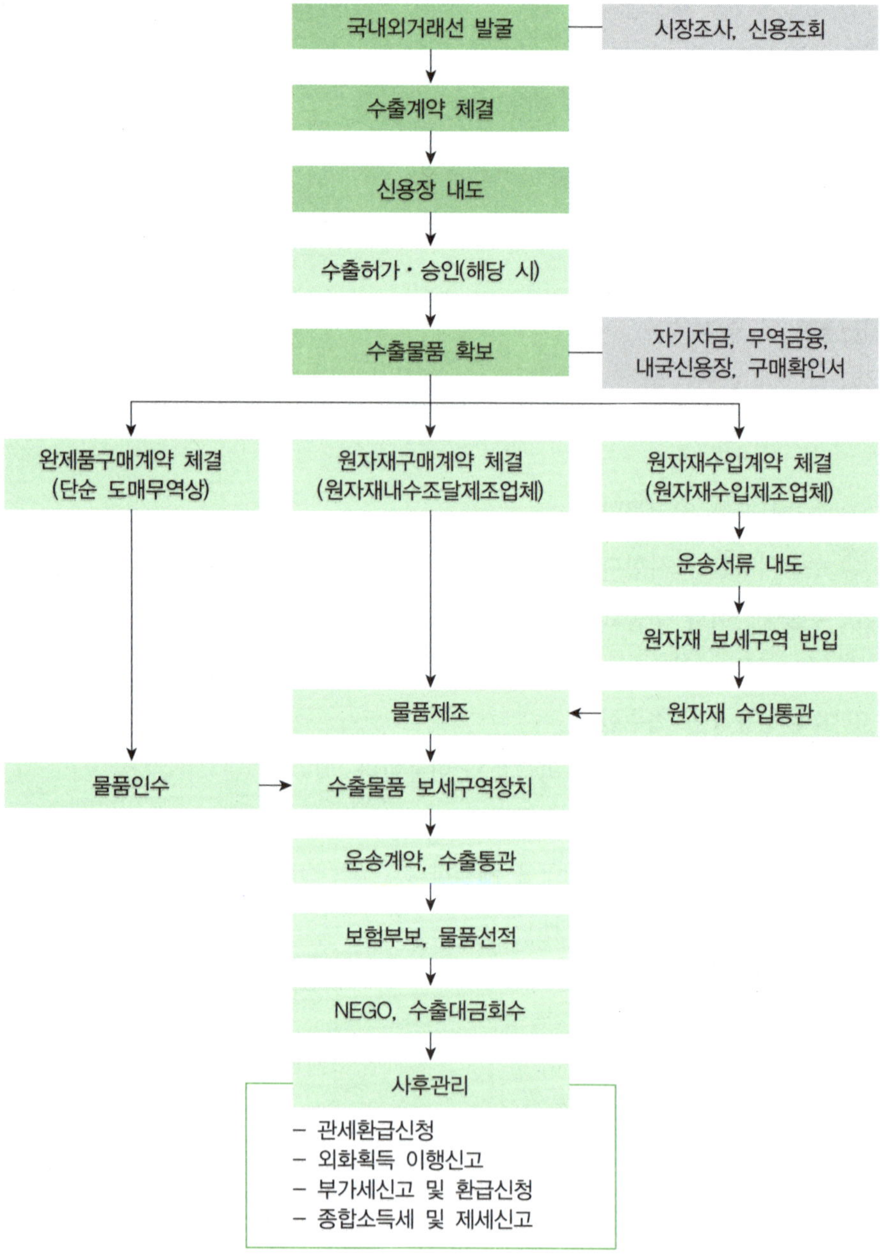
국내외거래선 발굴
시장조사, 신용조회
수출계약 체결
신용장 내도
수출허가 · 승인(해당 시)
수출물품 확보
자기자금, 무역금융,
내국신용장, 구매확인서
완제품구매계약 체결
(단순 도매무역상)
원자재구매계약 체결
(원자재내수조달제조업체)
원자재수입계약 체결
(원자재수입제조업체)
운송서류 내도
원자재 보세구역 반입
물품제조
원자재 수입통관
물품인수
수출물품 보세구역장치
운송계약, 수출통관
보험부보, 물품선적
NEGO, 수출대금회수
사후관리
– 관세환급신청
– 외화획득 이행신고
– 부가세신고 및 환급신청
– 종합소득세 및 제세신고

④ 수출물품의 조달 및 무역금융을 이용한다.

⑤ 수출검사와 포장을 실시한다.

⑥ 해상운송 및 해상보험계약을 체결한다.

⑦ 수출통관절차를 시작한다.

⑧ 물품을 선적한다.

⑨ 기타 수출대금을 회수하고 관세환급을 신청한다.

CHAPTER 2

무역계약

1. 무역계약의 의의
2. 무역계약의 법적 성격
3. 청약(Offer)
4. 승낙(Acceptance)
5. 비엔나협약

1 무역계약의 의의

① 무역물품[1]에 대한 매매계약으로 당사자 간의 의사합의에 의한 법률행위이다.
② 금전의 대가를 받고 매도인으로부터 매수인에게 권리를 이전하는 것이다.
③ 당사자 일방의 재산권을 상대방에게 이전할 것을 약정하고 상대방이 그 대금을 지급할 것을 약정함으로써 그 효력이 생긴다(민법).

2 무역계약의 법적 성격

1) 무역계약의 법적 성격

① **합의계약**(Consensual Contract): 청약에 대한 승낙으로 성립되는 계약이다.
② **유상계약**(Remunerative Contract): 계약당사자 간에 대가에 대한 급부를 수반하는 계약이다.
③ **쌍무계약**(Bilateral Contract): 계약 성립에 따라 상호 의무를 부담하는 계약이다.
④ **불요식계약**(Informal Contract): 특별히 정해진 양식이 없는 계약이다.

표 2-1 무역계약의 법적 성격

법적 성격	구분기준	당사자 간 관계
낙성계약	계약의 성립	• 청약자: 거래의사 표시 • 승낙자: 거래조건 승낙
유상계약	대가의 급부	• 매도인: 계약물품의 급부 • 매수인: 금전적 · 물질적 반대급부
쌍무계약	당사자 채무	• 매도인: 물품인도의무 • 매수인: 대금지불의무
불요식계약	계약의 형식	계약자유의 원칙, 사적 자치의 원칙 적용

1) CISG 제2조: 주식, 지분, 서비스, 선박, 헬리콥터, 항공기, 전기 등의 매매에는 이 협약이 적용되지 않는다.

2) 계약 체결의 구성요소

① 청약(offer)에 의한 승낙(acceptance)을 통해 계약이 성립된다.

② 법적 구속력을 갖기 위해서는 당사자의 행위능력(capacity)이 있어야 한다.

③ 적법성(legality)을 갖추고 있으며, 허위계약, 사기, 강박에 의한 거래가 아니어야 한다.

④ 약인(consideration)이 존재해야 한다.

⑤ 계약 성립을 위한 필수적인 요소는 아니지만 서면(writing)이라는 형식적인 요건을 갖춤으로써 강제력을 부가시킬 수 있다.

그림 2-1 무역계약의 체결과정

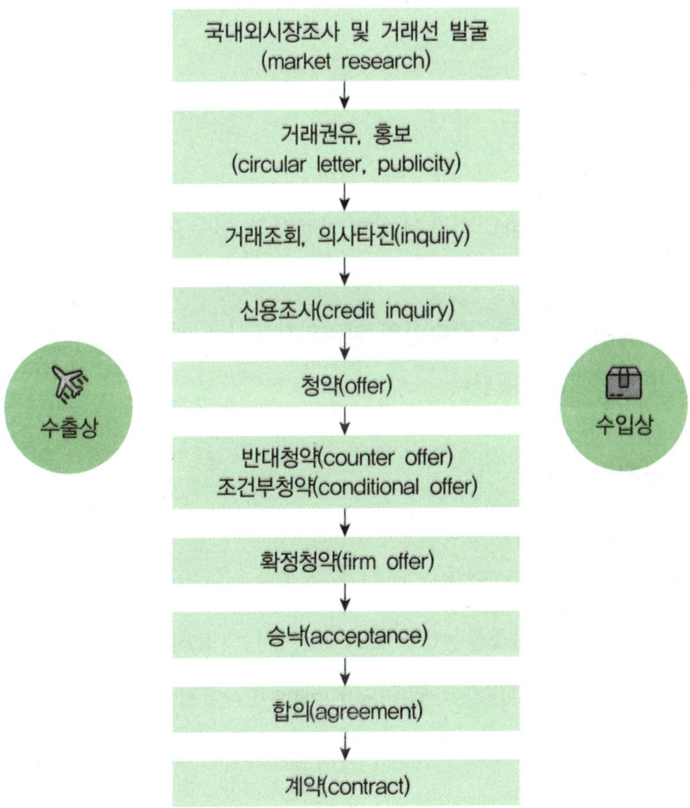

3 청약(Offer)

1) 청약의 의의

① 법적 구속력을 가지는 거래를 제의하는 것이다.

② 주로 매도청약(selling offer)을 말하며, 조회(inquiry)에 의해서 또는 일방적으로 발행한다.

③ 청약자(offeror)가 피청약자(offeree)에게 계약을 체결하고자 하는 의사표시이다.

④ 품목, 수량, 가격 등이 필수적으로 기재되어야 하고, 그밖에 대금결제방법, 유효기간, 선적일, 규격, 원산지, 포장방법 등이 포함되어야 한다.

2) 청약의 종류

(1) 청약의 주체기준

① **매도청약(Selling Offer)**: 수출업자가 발행하는 청약으로 일반적인 의미의 청약을 말한다.

② **매수청약(Buying Offer)**: 매수인의 임의의사표시로 매입주문서의 형식(Purchase Order: P/O)으로 발행된다.

(2) 청약의 확정력기준

① **확정청약(Firm Offer)**

- 유효기간(validity)이 정해져 있거나 유효기간이 정해져 있지 않다고 하더라도 확정적 또는 취소불능(irrevocable)이라는 표시가 있다.
- 임의적 변경(amendment), 취소(cancellation), 철회(revocation)가 불가능하다.
- 상대방의 승낙 시 계약이행의무가 확정된다.

② **자유청약(Free Offer)**

- 유효기간과 확정적이라는 명시가 없다.

- 임의적 변경, 취소, 철회가 가능하다.

③ 반대청약(Counter Offer)

- 원(原)청약의 조건을 변경하거나 새로이 추가하는 청약이다.
- 원청약의 효력은 상실되고 반대청약이 새로운 청약으로 효력을 가지게 된다.

④ 조건부 청약(Conditional Offer)

- 피청약자의 승낙으로 계약이 성립되지 않는다.
- 청약자의 최종확인이 있어야만 유효한 효력을 발생하는 청약이다.

조건부 청약(Conditional Offer)의 종류

① **반품허용조건부 청약(offer subject to sale or return/offer on sale or return)**
피청약자에게 위탁판매하게 하고 잔여물품을 반납하는 조건으로 서적판매 등에서 주로 이용한다.

② **점검매매조건부 청약(offer on approval)**
Offer와 함께 물품을 보내어 점검 후 구매의사가 있으면 대금지급, 없으면 반품하는 조건이다.

③ **최종확인조건부 청약(offer subject to final confirmation/sub-con offer)**
피청약자가 승낙해도 청약자의 최종확인이 있어야 계약이 성립된다. 즉 피청약자의 승낙이 offer에 해당한다.

④ **재고잔류조건부 청약(stock offer/offer subject to being unsold)**
피청약자가 승낙해도 유효재고가 있는 경우에만 계약이 성립된다.

⑤ **선착순청약(offer subject to prior sale)**
유효재고범위 내에서 선착순으로 판매하는 것을 조건으로 한다.

⑥ **무확약청약(offer subject to market fluctuation/offer without engagement)**
미확정가격을 제시하고 시세변동에 따라 예고 없이 가격이 변경될 수 있다는 조건이다.

3) 청약의 유인(예비적 교섭)

① 상대방으로 하여금 청약을 하도록 유인 또는 유혹하는 것을 청약의 유인이라고 한다.

② 최종확인조건부 청약(offer subject to final confirmation/sub-con offer)처럼 제의받은 이의 제의에 대해 제의자의 최종확인이 있어야만 계약이 성립되는 경우이다. 즉 최초 제의자의 제의는 청약이 아니라 제의받은 이로 하여금 청

약을 하도록 유인한 것이다.

③ 주로 sub-con offer, 견적서, 광고, 가격표, 경매, 물품목록 등의 배포행위가 이에 해당된다고 할 수 있다.

4) 청약의 효력 발생과 소멸

(1) 청약의 효력 발생

① 청약이 피청약자에게 도달해야 효력이 발생한다.

② 대부분의 국가들이 도달주의를 원칙으로 한다.

(2) 청약의 효력 소멸

청약은 다음과 같은 경우에 효력이 소멸한다. 다만 피청약자가 청약자로부터의 철회통지를 받기 전에 승낙통지를 하면 계약은 성립된다.

① 청약자의 청약철회 또는 취소

② 피청약자의 거절 또는 반대청약

③ 유효기간의 경과

④ 청약당사자의 사망

⑤ 청약 이후 계약이행의 위법

5) 청약의 유효기간

① 확정청약의 경우 명시된 유효기간이 곧 청약의 유효기간이 된다.

② 유효기간이 없는 경우 청약자에게 반드시 문의해야 한다.

4 승낙(Acceptance)

1) 승낙

① 청약에 대한 동의의 의사표시이다.
② 반드시 청약의 내용과 일치해야 한다(mirror image rule).
③ 청약서상에 지정된 방법에 의해 의사를 표시한다.
④ 지정된 방식이 없는 경우 상응하는 수단으로 통지한다.

cf 우편 ↔ 우편, 메일 ↔ 메일, 텔렉스 ↔ 텔렉스, 항공우편 ↔ 항공우편

2) 승낙의 효력발생 시기

① 발신주의(Dispath Theory, Mailbox Rule): 영국, 미국 등 일부 국가에서 우편 또는 전보에 의한 경우 발신주의를 인정하고 있다.
② 도달주의(Receipt Theory): 원칙적으로 도달주의이다.

| 표 2-1 | 승낙의 효력 발생 시기

구분	우리나라	일본	영국	미국	CISG
직접 대화	도달주의	도달주의	도달주의	도달주의	도달주의
전화	도달주의	도달주의	도달주의	도달주의	도달주의
텔렉스	도달주의	도달주의	도달주의	도달주의	도달주의
우편	**발신주의**	**발신주의**	**발신주의**	**발신주의**	도달주의
전보	**발신주의**	**발신주의**	**발신주의**	**발신주의**	도달주의

3) 승낙의 효력 소멸

① 승낙의 통지가 청약자에게 도달하기 전에 철회해야 한다.
② 그렇지 못한 경우에는 계약 자체의 취소 또는 해제가 필요하다.

※ 청약은 취소할 수 있으나 승낙은 취소할 수 없다. 승낙의 취소는 계약의 취소를 의미하기 때문이다.

5 비엔나협약

1) 비엔나협약의 의의

① 비엔나협약(Vienna Convention)은 국제물품매매계약에 관한 유엔협약(United Nations Convention on Contract for the International Sale of Goods: UNCISG 또는 CISG)으로 UNCITRAL에서 성안한 협약을 말한다. 1980년 4월 11일 비엔나 외교회의에서 채택되어 1988년 1월 1일 발효되었다.

② 이는 물품의 국제적 물품매매를 규율하는 통일적 국제조약으로서, 전문과 함께 총 4편 101조로 구성된다. 대륙법과 영미법의 법체계를 적절히 조화해 균형을 도모하고 있다. 또한 협약의 강행적 적용을 규정하지 않고 계약자유의 원칙에 따라 당사자의 의사로 협약의 내용을 배제할 수 있도록 융통성을 보장하고 있다. 협약의 구성은 다음과 같다.

- 제1편 적용범위와 총칙: 적용범위, 해석원칙
- 제2편 계약의 성립: 청약과 승낙에 의한 계약의 성립
- 제3편 물품의 매매: 매도인의 의무, 매수인의 의무, 위험의 이전, 공통사항
- 제4편 최종조항: 협약의 효력 발생, 비준, 유보사항

③ CISG가 계약의 준거법으로 적용되기 위해서는 서로 상이한 국가에 영업소를 두고 있는 양 당사자가 협약 가입국이거나, 어느 한 당사자국이 가입국이면서 계약서에 비엔나협약을 준거법으로 약정하였거나, 두 국가 모두 비체약국이지만 계약서에 비엔나협약을 준거법으로 합의한 경우에 적용된다. 하지만 물품의 소유권 이전이나 제조물 책임은 각국의 법에 따른다.

④ 제3편은 비엔나협약에 있어서 가장 중요한 부분으로 볼 수 있다. 이는 당사자들의 의무와 계약과 협정하에서 당사자들이 책임이행에 실패한 경우에 대한 권리구제를 포함하고 있다. 또한 위험의 이전에 대한 규정과 매도인과 매수인에게 공통적으로 적용되는 규정을 다루고 있다.

2) 비엔나협약의 적용범위

① 각국의 이해가 공통되는 물품의 매매에 관한 국제거래에만 적용한다. 즉 순수한 국내거래는 적용범위에서 배제하기 때문에 기존의 국내법체계에는 영향을 미치지 않는다.

② 물품의 국제매매계약에만 적용한다. 이는 국적을 기준으로 하는 것이 아니라 당사자들의 영업소를 기준으로 서로 다른 체약국에 소재한 영업소 간의 거래에만 적용한다.

③ 계약의 유효성이나 물품의 소유권 이전과 제조물 책임으로 인한 인적 손해에 관련된 적용규정은 없다.

④ 물품의 매매에만 적용된다. 즉 소비자 거래, 주식, 항공기, 선박, 헬리콥터, 수상익선, 용역거래 등은 협약의 적용범위에서 제외된다.

협약 적용 제외대상

① 개인용, 가족용 물품의 매매
② 경매에 의한 매매
③ 법률상의 권한에 의한 매매(강제집행 등)
④ 채권, 주식, 투자증권, 화폐의 매매
⑤ 선박, 항공기, 헬리콥터, 수상익선 등의 매매
⑥ 전기의 매매

CHAPTER 3

무역계약조건

1. 품질조건
2. 수량조건
3. 가격조건
4. 선적조건
5. 결제조건
6. 보험조건
7. 포장과 화인
8. 분쟁해결조건

1 품질조건

1) 품질의 결정 방법

국제매매계약서에서 물품의 품질(quality)은 거래당사자 간에 매우 중요한 관심사이기 때문에 ① 품질의 결정 방법, ② 품질의 결정 시기, ③ 품질의 증명 방법 등을 명확히 약정하여야 한다.

(1) 견본매매(Sale by Sample)

① 매매당사자가 제시한 견본과 동일 품질의 물품을 인도하도록 약정하는 매매이다.

② 수출상이 보내는 것이 원칙이나 수입상이 보내는 경우도 있다.

③ 역견본(counter sample)은 원 견본에 대해 수정하여 제시하는 견본을 의미한다.

④ 분쟁 예방을 위해 Quality to be same as sample, Quality to be up to sample과 같은 조건보다는 Quality to be about equal to sample/to be as per sample/to be identical to sample과 같은 문구로 융통성을 확보하는 것이 필요하다.

(2) 상표매매(Sale by Trade mark or Brand)

소니(Sony), 롤렉스(Rolex) 시계와 같이 널리 알려진 브랜드에 의해 품질수준을 결정하는 방법이다.

(3) 규격매매(Sale by Grade)

ISO, KS, JIS, BSS-12와 같이 물품규격이 국제적으로 규정되어 있거나 공식규정으로 특정된 경우 규격에 의해 매매한다.

(4) 점검매매(Sale by Inspection)

매수인이 현품을 직접 확인한 후 체결하는 방식으로 BWT(Bonded Warehouse Transaction: 보세창고도거래)가 이에 해당된다.

(5) 명세서매매(Sale by Specification)

견본매매가 어려운 선박, 기계류 등에 있어서 구조, 성능 등 모든 명세를 정확히 표시하고 설계도, 청사진 등과 함께 제시한다.

(6) 표준품매매(Sales by Standard, Sales by Type)

① FAQ(Fair Average Quality: **평균중등품질조건**)

- 계약 체결 시 전년도 수확물의 중등품을 표준으로 가격을 책정하고, 인도할 물품은 당해 계절의 중등품일 것을 조건으로 하는 경우가 이에 해당한다.
- 주로 농산물의 선물거래에 사용된다.

② GMQ(Good Merchantable Quality: **판매적격품질조건**)

- 표준품이 제시되더라도 내부 부패, 잠재하자가 외관상 확인되기 어려운 경우 사용되는 방식으로 판매에 적합한 품질이 보장되어야 한다는 조건이다.
- 주로 목재나 냉동어류의 경우 이용되는 방식이다.

③ USQ(Usual Standard Quality: **보통표준품질조건**)

- 공인검사기관, 공인표준기준에 의한 보통품질을 표준품의 품질로 결정하는 방식이다.
- 주로 미국산 원면거래에 이용된다.

2) 품질의 결정 시기

(1) 선적품질조건

매도인이 선적지에서의 품질까지만 책임을 부담한다.

(2) 양륙품질조건

매도인이 도착지에서의 품질까지만 책임을 부담한다.

(3) 곡물류의 경우

① TQ(Tale Quale terms)는 선적 시 품질조건을 의미하며, 이 조건에서는 보통 다음과 같이 약정한다.

"Shipment in good condition but tale quale as regards condition on arrival."

② RT(Rye Terms)는 양륙품질조건을 의미하며, 주로 호밀(rye)의 거래와 광산물 등의 거래에 활용된다.

③ SD(Sea Damaged terms)는 기본적으로 선적품질조건이지만 해수(海水)에 의한 피해는 매도인이 부담하는 것이다. 이 조건에서는 보통 다음과 같이 약정한다.

"Demaged by sea water, if any, to be seller's account."

3) 품질의 증명 방법

물품의 품질에 대한 입증은 객관적인 입장에서 검사, 감정, 증명 등을 전문적으로 하는 검정인(surveyor)[2]의 검정보고서(Surveyor's Report)에 의하여 손해배상을 청구할 수 있도록 계약시에 합의하여 두는 것이 좋다.

2 수량조건

무역거래에서는 수량에 대한 관습이 나라에 따라 서로 다르기 때문에 분쟁이 일어나기 쉽다. 수량에 관한 조건에서는 ① 수량의 측정기준, ② 수량의 단위, ③ 수량 결정의 시기, ④ 과부족용인조건 등에 대하여 명확히 약정하여야 한다.

1) 수량의 측정기준

① **총중량**(Gross Weight): 포장한 그대로의 중량이다.

2) 국제적으로 권위 있는 검정인으로는 Lloyd's Surveyor, Lloyd's Agent, 검사기관으로는 SGS(Société Générale de Surveillance S.A.) 등이 있다.

② 법정중량(Legal Weight): 물품의 외부포장은 제외하나 소매될 때 상태의 무게이다.

③ 순중량(Net Weight): 포장이 없는 상태의 무게이다.

④ 정미순중량(Net Net Weight): 예컨대 치약에서 껍질을 뺀 순수한 액의 무게이다.

2) 수량의 단위

(1) 중량

Ton, Pound, Kilogram 등이 있는데, 이 중 Ton은 국가별로 차이가 있다.

L/T	1,016kg	2,240파운드	영국식
S/T	907kg	**2,000파운드**	미국식
M/T	**1,000kg**	2,204파운드	프랑스, 독일, 한국 등

(2) 개수

잡화제품의 기준이 되는 수로 Piece, Dozen, Gross 등이 있다.

1dozen = 12pcs
1gross = 12dozen = 144pcs
1great gross = 12gross = 144dozen = 1,728pcs
1small gross = 10dozen = 120pcs

(3) 용적

입방미터(cubic meter: m^3), Feet, Barrel 등을 단위로 사용한다.

(4) 포장 단위

Bale, Case, Bag 등을 사용한다.

3) 수량 결정의 시기

수량 결정의 시기는 선적수량조건(shipped quantity terms)과 양륙수량조건(landed quantity terms)으로 구분할 수 있다.

4) 과부족용인조건(More or Less Clause)

① 신용장통일규칙(UCP600)에서 'about', 'approximately' 등이 사용되는 경우 10%의 과부족을 인정한다.
② 선적화물의 경우 일반적으로 5%의 과부족을 인정한다.
③ 과부족 인정분에 대해서는 계약위반 사유가 아니다.

3 가격조건

무역거래에 있어서 당사자 간에 가장 관심을 두는 것은 좋은 품질의 물품을 적정한 가격으로 매매계약을 체결하고자 하는 것이다. 따라서 가격조건은 매매가격의 산출근거, 원가요소 및 표시통화 등을 고려하여 결정해야 한다.

1) 매매가격의 산출근거

매매가격은 매도인과 매수인이 부담해야 할 여러 가지의 원가요소와 물품의 인도장소 등을 감안하여 정하여진다. 실제 거래에서는 국제적으로 보편화된 "Incoterms® 2020"[3]에 규정된 정형거래규칙에 의하여 매매가격이 산출되고 있다.

2) 매매가격의 원가요소

수출가격은 물품을 직접 제조하거나 타사에서 구매하는 물품원가, 즉 기본원가와

3) "Incoterms® 2020"에 대하여는 제4장을 참조.

간접원가에 부대비용, 예상이익을 포함한다. 수입가격은 매도인의 선적 물품원가, 즉 기본원가와 수입자의 타 부문 간접비를 계상한 간접원가에 부대비용, 예상이익을 포함하여 수입가격의 원가로 삼는다.

3) 매매가격의 표시통화

통화(currency)는 국가마다 고유의 통화를 사용하고 있기 때문에 무역거래에서는 매매당사자 간에 어느 나라의 어떠한 통화를 사용할 것인지에 대하여 약정해 두어야 한다.

4 선적조건

1) 의의

① 무역계약의 이행을 위하여 언제, 어떻게 약정물품을 인도할 것인가를 규정하는 선적조건은 필수적 요소이다.

② 여기서 선적(shipment)이란 선박적재뿐만 아니라 모든 운송수단(비행기, 철도, 도로운송, 특송 등)에 있어서 적재, 인수, 발송, 수탁, 수령을 포괄하는 의미이다.

③ 인도(delivery)는 점유권 이전의 의미를 가지고 있기 때문에, 인도조건보다는 선적조건(shipment terms)으로 약정하는 것이 혼란을 방지할 수 있다.

(1) 특정 달 또는 기일로 약정

선적시기를 일정한 기간으로 하거나 특정 기일까지 지정하는 것이 필요하다.

(2) 즉시선적조건

선적시기를 특정 월, 일, 기간으로 명시하지 않고 'immediately', 'promptly', 'as soon as possible'과 같은 용어로 표현하는 조건이며, UCP에서는 이를 무시하도록 규정하고 있다.

(3) on or about

선적이 지정된 일자의 양 끝 일자를 포함하는 것으로 해석한다.
"Shipment shall be effected on or about March 10, 2008."

2) 선적방법

(1) 분할선적(Partial Shipment)

① 분할선적이란 매매목적물을 일정한 경우에 전량선적하지 않고 나누어 선적하는 것으로 분할선적의 여부와 회수 등은 계약서상에 특약되어야 한다.
② 특약이 없는 경우 UCP에서는 명시적 분할금지약관이 없는 한 분할선적을 인정하고 있다.

(2) 환적(Transhipment)

① 환적이란 선적된 화물을 목적지로 가는 도중에 다른 선박이나 운송수단에 옮겨 싣는 것을 말한다.
② 환적은 화물의 손상우려가 있기 때문에 바람직하지 못하지만, 복합운송에 있어서는 일반적으로 환적이 발생한다.

3) 선적일 증명 및 선적지연

(1) 선적일 증명

① 선하증권 발행일(B/L Date): 결정적 증거가 된다.
② 선적완료 부기일(On Board Notation): 추정적 증거가 된다.
③ 기타 운송서류(Transport Document): 운송서류 발행일(date of issuance)로 본다.

(2) 선적지연

① 약정된 기한 내에 선적을 이행하지 않는 것을 말한다.
② 매도인의 고의, 고실, 태만에 의한 지연선적은 매도인의 책임으로 손해배상의

무를 부담해야 한다.

③ Act of God(천재지변), Force Majeure(불가항력)에 의한 지연선적은 매도인이 면책되며 손해배상의무가 발생하지 않는다. 하지만 양 당사자의 관점과 입장은 다르므로 명확히 약정해 둘 필요가 있다.

Force Majeure(불가항력)

① Orders, Regulation, and/or Ordinance(법령) by the Government, Act of God(천재지변), Mobilization(동원), Insurrection(반란), Civil Commotion(소요), Tempest(폭풍우), Blockade(봉쇄), War(전쟁) 등의 경우가 있다.
② 계약서상에 이러한 불가항력 면책조항을 삽입해 두는 것이 바람직하다.
③ 신용장거래에서 은행은 불가항력에 의한 의무불이행 시 면책될 수 있다.

5 결제조건

매매당사자는 물품매매계약을 체결할 때 대금결제조건(payment terms)으로 ① 대금결제의 방식, ② 대금결제의 시기, ③ 결제통화 등에 대하여 약정하여야 한다.

1) 대금결제의 방식

무역대금의 결제방식으로는 신용장방식(L/C basis)에 의한 결제, 추심방식(collection basis)에 의한 결제 및 송금방식(remittance basis)에 의한 결제로 크게 구분할 수 있는데, 이 중 신용장방식에 의한 결제가 가장 보편적인 방식이다.

2) 대금결제의 시기

① 선지급조건(Advance Payment)
② 동시지급조건(Concurrent Payment)
③ 후지급조건(연지급: Deferred Payment)

3) 결제통화

앞서 언급한 바와 같이 무역매매가격의 산출시에 통화는 어느 국가의 통화로 할 것인가를 약정하여야 한다. 결제조건(payment terms)을 언급할 때는 "Payment Terms: Under T/T basis in U.S. Dollars"와 같이 결제통화를 명시하여야 한다.

6 보험조건

물품을 운송하는 과정에 선박의 좌초(stranding), 침몰(sinking), 충돌(collision) 등과 같은 해상 고유의 위험(perils of the seas)이나 전쟁(war) 등의 인위적 위험으로 인한 손해 발생에 대비하여야 한다.

1) 보험계약 체결의 당사자

보험계약은 정형거래조건(Incoterms 2020)에 따라 수출업자 또는 수입업자가 체결한다. Incoterms® 2020의 CIF나 CIP 규칙을 선택할 경우에는 매도인이 적하보험계약을 체결하고, FOB 및 CFR 규칙을 선택할 경우에는 매수인이 적하보험계약을 체결한다.

2) 보험금액의 결정

보험금액이란 보험사고가 발생한 경우 보험계약 당사자 간의 합의에 의하여 보험자가 지급해야 할 손해보상의 최고한도액을 말한다.

3) 보상범위의 선택

적하보험의 담보범위는 계약에서 명시한 특정 원인에서 발생한 멸실 및 손상에 한정되어 있기 때문에 약관상 특별히 제외되어 있는 경우에는 보상을 받지 못한다.

협회적하약관(Institute Cargo Clause: ICC)이 보험자의 담보위험과 면책위험을 명확하게 구분하고 있어 오늘날 널리 이용되고 있다.

7 포장과 화인

1) 포장의 정의

포장이란 물품의 수송, 보관, 취급, 사용 등에서 그 가치 및 상태를 보호하기 위하여 적절한 재료 또는 용기 등을 시행하는 기술 또는 시행한 상태를 말한다.

2) 화인

(1) 화인의 정의

① 화인이란 포장화물의 표면에 기입하는 특정한 기호, 번호, 목적지, 취급상의 문구 등을 총칭하는 것이다. 이를 통해 화물 취급자로 하여금 다른 물품과 구분하여 매수인의 사용편의 및 선적서류와 물품과의 대조에 편의를 제공한다.

② 화인은 보통 매수인이 요청하는데, 매수인의 별도 요청이 없으면 매도인이 임의로 할 수 있다.

③ 화인을 통해 수입자는 물품을 쉽게 확인할 수 있으며 화물 취급 시 주의사항 등도 알 수 있게 된다.

(2) 화인의 종류

① **주화인(필수기재사항)**: 화물을 쉽게 구별하기 위한 기호로서 삼각형과 마름모꼴 · 타원형 등의 도형 안에 수입상호의 약자 등을 써 넣는다(문자나 숫자만으로 된 경우도 있음). 이때 주로 수입자를 표시하지만 경우에 따라서 수출자를 표시하기도 한다.

② **부화인**: 주화인의 보조마크로 보통 수출업자를 표시한다.

③ **품질표시**: 내용물의 품질이나 등급을 기호로 표시(수출검사를 받았을 경우에

는 합격표시)한다.

④ **중량표시**: 운임계산과 하역작업에 도움이 되도록 총무게와 순무게를 표시한다.

⑤ **목적항표시(필수기재사항)**: 화물의 하역작업을 용이하게 하고 화물이 다른 장소로 운송되는 것을 막기 위한 표시가 된다.

⑥ **화물의 일련번호(필수기재사항)**: 포장물이 여러 개일 경우 포장에 표시한 고유 번호로 총 개수 중 몇 개째임을 표시한다.

⑦ **원산지표시(필수기재사항)**: 화물의 원산지를 나타낸다.

⑧ **주의사항(Side Mark)**: 화물의 선적이나 운반에 주의할 점을 나타낸다.

그림 3-1 화인의 형태

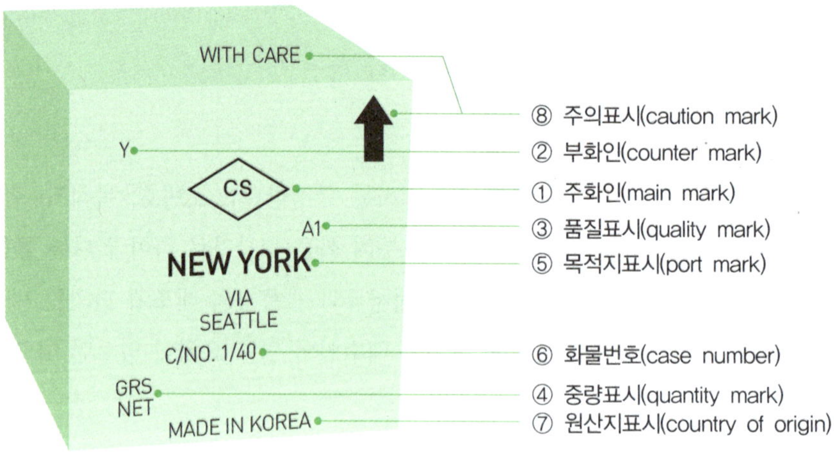

8 분쟁해결조건

1) 의의

무역계약을 체결한 때에는 물품매매와 관련된 기본적인 조건 이외에도 계약의 이행과정에서 발생될지도 모를 분쟁과 그 구제조건들에 대해서 약정해 두는 것이 중요하다.

2) 클레임(Claim)

클레임이란 매매당사자가 약정된 계약을 위반함으로써 상대방이 단순히 물품의 단계를 넘어서 권리회복을 요구하거나 손해배상을 요구하는 것이다. 이러한 클레임을 계약서에 명시함으로써 상대방의 계약불이행, 채무불이행으로부터 구제받을 수 있으며, 의도적인 클레임의 제기를 방지하기 위해서 제기기한 등을 설정하는 것도 필요하다.

3) 준거법조항(Governing Law Clause)

준거법조항은 계약의 해석기준과 관련하여 어느 국가의 법률을 적용하느냐 하는 문제를 약정한 조항을 말한다. 일반적으로 준거법으로 가장 널리 이용되고 있는 비엔나협약(CISG)은 원칙적으로 협약에 비준한 체약국의 매매당사자 간에 적용된다.

4) 중재조항(Arbitration Clause)

분쟁을 완전히 예방하는 것은 사실상 불가능하며 분쟁의 발생 시에 비용이 많이 들고 장기적인 법적 소송절차보다 편리하고 신속, 저렴한 분쟁해결기구인 중재기관을 이용하는 것이 바람직하다.

5) 재판관할조항(Jurisdiction Clause)

계약 중에 중재조항을 규정하지 않은 경우 그 계약을 둘러싼 분쟁은 최종적으로 국가가 행하는 재판에 의하여 해결하게 된다. 또한 중재조항이 존재해도 중재에 회부할 범위 외의 사항에 대하여는 마찬가지로 재판에 의하게 된다. 그 경우에 소송을 제기할 재판소를 당사자 간에 미리 약정하여 놓는 것이 재판관할조항이다.

CHAPTER 4

INCOTERMS® 2020

1. INCOTERMS의 적용범위
2. INCOTERMS® 2020의 주요 개정내용
3. INCOTERMS® 2020의 구조
4. INCOTERMS® 2020의 규칙들

1 INCOTERMS®의 적용범위

1) INCOTERMS의 의의

계약당사자는 각 국가 간의 상이한 무역관행을 인식하지 못하고 있다. 이로 인하여 시간 및 금전상의 낭비를 초래하는 오해, 분쟁 및 법정소송이 야기될 수 있다. 이러한 문제를 해소하기 위하여 국제상업회의소는 1936년에 거래조건의 해석에 관한 일련의 국제규칙((ICC Rules for the Use of Domestic and International Trade Terms)을 출판하였다. 이 규칙을 "Incoterms 1936"이라고 한다.

그 후 이 규칙은 현재의 국제무역관행과 일치시키기 위해 1953년, 1967년, 1976년, 1980년, 1990년, 2000년, 2011년에 개정이 이루어졌으며 현행 버전은 2019년 개정 후 2020년 1월 1일부터 시행되고 있다.

2) 적용범위

Incoterms의 목적과 적용범위는 다음과 같다.

① 외국무역에 가장 일반적으로 사용되는 정형거래규칙의 해석에 관하여 일련의 국제규칙을 제공하는 것이다.

② Incoterms의 범위는 매각된 물품('유형물'을 의미하고, 컴퓨터 소프트웨어와 같은 '무형물'은 포함하지 않는다)의 인도에 관하여 매매계약당사자의 권리와 의무에 관련된 사항에 한정되어 있다.

③ 매매계약이 아니라 오히려 운송계약에 적용되는 것으로 오해받고 있다.

④ 당사자가 매매계약에 포함시키고자 하는 모든 의무를 규정하고 있는 것으로 잘못 추측되고 있다.

⑤ 매매계약하에서 매도인과 매수인 간의 관계만을 취급하고 있다.

⑥ 수출입을 위한 물품의 통관의무, 물품의 포장, 인도를 받아야 하는 매수인의 의무 및 각각의 의무가 정당하게 이행되었다는 증거를 제공할 의무를 규정하고 있다.

⑦ 매매계약의 이행에 있어서 극히 중요하지만, 소유권 및 기타 재산권의 이전, 계약위반 및 그 위반에 따른 결과, 그리고 특정 상황에서의 책임의 면제와 같이, 그러한 계약에서 일어나는 수많은 문제는 전혀 취급되지 않고 있다.
⑧ 계약위반의 결과와 여러 가지 장애에 의한 책임의 면제를 규정하지 않고 있다.
⑨ 실제적으로 단순히 국내시장 내의 물품매매계약에도 사용할 수 있다.

2 INCOTERMS® 2020의 주요 개정내용[1)]

1) 설명문(Explanatory Note for Users)의 제시

Incoterms® 2010규칙에서는 각 거래규칙에 대한 당사자 의무를 제시하기 전에 안내문(guidance note)을 제공하여 Incoterms® 2010규칙의 이해에 도움을 제공하였다. 개정 Incoterms® 2020규칙에서는 사용자를 위한 설명문(explanatory note for users)으로 명칭을 변경하고 설명을 구체화하여 사용자가 좀 더 쉽게 이해할 수 있도록 하였다. 즉 사용자가 이해하기 쉽도록 필요한 삽화를 구체화하였고, 예시를 제공하여 개별규칙에 대한 정확한 이해를 제공하고 있다.

2) 수평적 체제(Horizontal Format)를 도입한 당사자 의무규정

Incoterms는 매매당사자의 의무사항 10가지를 규정한다. 기존의 의무사항은 매도인의 의무사항 A1~A10을 나열한 후 매수인의 의무사항 B1~B10을 열거하였다.

3) DAT규칙에서 DPU규칙으로 명칭변경

Incoterms® 2010의 DAT(Delivered at Terminal)규칙을 DPU(Delivered at Place Unloaded)규칙으로 명칭을 변경하였다.[2)]

1) 이양기 · 이기영, "Incoterms® 2020 선적매매 규칙의 실무 적용상 유의점", 『국제상학』, 제34권 제4호, 한국국제상학회, 2019.

4) FCA규칙에서 본선적재선하증권에 관한 옵션규정을 신설

Incoterms® 2020 FCA규칙에서 인도는 지정장소가 매도인의 영업국내인 경우 매수인이 제공한 운송수단에 적재된 때 또는 지정장소가 그 밖의 장소인 경우 매도인이 운송수단에 적재되어 지정장소에 도착하고 매도인의 운송수단에 실린 채 양하 준비된 상태에서 매수인이 지정한 운송이나 제3자의 처분하에 놓인 때 인도가 일어난다.[3]

5) 총중량검증제(Verified Gross Mass: VGM)의 도입

조선공학기술의 발달과 운항기술의 발전으로 선박의 고속화와 대형화가 추진되었고 해상사고와 같은 문제도 과거의 항해과실보다는 선박의 안전기준 준수 불이행과 컨테이너 적재 중량에 대한 화주의 불성실신고와 관련된 사고들이 빈번히 발생하고 있다.

6) 보험 부보의 변화

Incoterms® 2010규칙에서는 매도인이 매수인을 위해 자신의 비용으로 보험계약을 체결할 의무가 있는 CIF규칙과 CIP규칙에 대해 최소담보조건으로 보험을 취득함을 명시하였다. 반면 개정 Incoterms® 2020규칙에서는 CIF규칙은 기존대로 최소담보조건으로 보험을 취득하고 CIP규칙에서는 최대담보로 보험을 취득하도록 개정되었다.

7) FCA, DAP, DPU, DDP규칙에서 자신의 운송수단 사용 허용

자신이 운송수단을 가지고 있는 경우에도 기존의 Incoterms® 2010규칙을 적용하는 경우 매수인의 지정을 받은 운송인 또는 매도인의 지정을 받은 운송인을 통해

2) ICC Publication: @723E, Incoterms® 2020, Introduction, Para 74.
3) ICC Publication: @723E, Incoterms® 2020, FCA Explanatory notes for users. 1.

운송을 해야 하는 문제가 있었다. 이에 대한 해결을 위한 규정의 부재로 일부 수출입업자들은 불편을 감수해야만 했다. 이에 대한 해결을 위해 Incoterms® 2020규칙에서는 FCA, DAP, DPU, DDP규칙에서 자신의 운송수단으로 운송하는 것에 대한 내용을 신설하였다.4)

8) 운송 및 비용 조항에 보안 관련 내용의 명시적 규정화

보안과 관련된 규정이 Incoterms에 반영된 것은 Incoterms® 2010규칙부터이다. Incoterms® 2010규칙에서 보안규정은 A2/B2와 A10/B10규정에서 보안 관련 확인을 획득함에 있어서 매도인과 매수인 사이의 협력에 대한 의무를 부과하고 있다.

9) 검사, 인증, 수출입허가 등에 대한 의무규정의 변화

Incoterms® 2010규칙은 당사자 의무사항 중 A9에서는 매도인의 점검(checking) 의무, B9에서는 매수인의 검사(inspection)의무 등에 관하여 규정하였으나, 개정 Incoterms® 2020규칙은 A7/B7(수출/수입통관)에서 선적전검사 및 그 밖의 공적 인가, 수출/통과/수입허가, 수출/통과/수입을 위한 보안통관 등에 대한 의무를 통합하여 규정하고 있다.

3 INCOTERMS® 2020의 구조

1) 2그룹 11개의 거래규칙

Incoterms® 2020은 모두 11개의 거래규칙으로 구성되어 있으며, Incoterms® 2010과 마찬가지로 운송수단의 사용형태에 따라 2개의 명확한 그룹으로 구분하였다.

4) Incoterms® 2020 초안의 논의과정에서 물품이 매도인으로부터 매수인에게 운송되는 경우 제3의 운송인 개입 없이 운송이 될 수 있는 경우가 명백해졌다. 따라서 개정 시 이를 반영하여 매매당사자가 운송계약을 체결하는 것 이외에 자신의 운송수단으로 운송하는 것에 대해 명시하였다. Incoterms® 2020, Introduction, Para 71.~73.

표 4-1 Incoterms® 2020규칙의 구분

The 11 Incoterms® 2020 rules are presented in two distinct classes	
복합운송을 포함한 모든 형태의 운송에 사용되는 규칙	해상 및 내수로 운송에만 사용되는 규칙
• EXW(Ex Works) • FCA(Free Carrier) • CPT(Carriage Paid To) • CIP(Carriage and Insurance Paid To) • DAP(Delivered At Place) • DPU(Delivered at Place Unpaid) • DDP(Delivered Duty Paid)	• FAS(Free Alongside Ship) • FOB(Free On Board) • CFR(Cost and Freight) • CIF(Cost Insurance and Freight)

2) 매매당사자 간의 의무규정

개정 Incoterms® 2020규칙은 매매당사자 간의 의무사항을 동시에 비교하도록 편제를 바꾸어 사용자가 비용이나 의무사항을 쉽게 확인할 수 있다.

표 4-2 Incoterms® 2020규칙의 당사자 의무규정

A. 매도인의 의무	B. 매수인의 의무
A1. General obligations(일반적인 의무) A2. Delivery(인도) A3. Transfer of risks(위험의 이전) A4. Carriage(운송) A5. Insurance(보험) A6. Delivery/Transport Document(인도/운송 서류) A7. Export/Import clearance(수출입통관) A8. Checking/Packaging/Marking(점검/포장/화인) A9. Allocation of costs(비용분담) A10. Notice(통지)	B1. General obligations(일반적인 의무) B2. Taking delivery(인도의 수령) B3. Transfer of risks(위험의 이전) B4. Carriage(운송) B5. Insurance(보험) B6. Proof of delivery(인도의 증거) B7. Export/Import clearance(수출입통관) B8. Checking/Packaging/Marking(점검/포장/화인) B9. Allocation of costs(비용분담) B10. Notice(통지)

4 INCOTERMS® 2020의 규칙들

1) Rules for Any Mode or Modes of Transport

(1) EXW(공장인도규칙)

Ex Works는 매도인의 영업장소(작업장, 공장, 창고 등)에서 매수인의 임의처분상태로 물품을 놓아두었을 때 매도인이 인도하는 것을 의미한다. 매도인은 수취용 차량에 적재할 필요가 없으며, 수출통관이 필요한 경우에도 물품의 수출통관을 이행할 필요가 없다. EXW규칙은 매도인에 대한 최소한의 의무를 나타내고 있다.

(2) FCA(운송인인도규칙)

'Free Carrier'는 매도인이 자신의 영업장 또는 합의된 장소에서 매수인에게 지정된 운송업자 또는 다른 당사자에게 물품을 인도하는 것을 의미한다. 당사자들은 합의된 인도장소의 인도지점을 가능한 명확하게 구체화해야 하며 해당 지점에서 위험이 매수인에게 이전된다. FCA규칙은 적용가능하다면 매도인이 물품을 수출통관이행하여야 한다. 하지만 매도인은 물품의 수입통관, 수입관세, 수입 관련 통관절차에 관한 의무는 없다.

(3) CPT(운송비지급인도규칙)

'Carriage Paid To'는 매도인이 합의된 장소(당사자 사이에 장소가 합의된 경우)에서 매도인이 지정한 운송인 또는 다른 당사자에게 물품을 인도하는 것을 의미하며 매도인은 합의된 도착지까지 물품을 운송하기 위해 필요로 하는 운송계약과 운송비를 지급하여야 한다. CPT규칙은 매도인이 물품을 수출통관이행하여야 한다. 하지만 매도인은 물품의 수입통관, 수입관세, 수입 관련 통관절차에 관한 의무는 없다.

(4) CIP(운송비 · 보험료지급인도규칙)

'Carriage and Insurance Paid to'는 매도인이 합의된 장소(당사자 사이에 장소가 합의된 경우)에서 매도인이 지정한 운송인 또는 다른 당사자에게 물품을 인도하는 것을 의미하며 매도인은 합의된 도착지까지 물품을 운송하는 데 필요한 운송계약과 운송비를 지급하여야 한다. 매도인은 물품이 운송되는 동안에 물품의 멸실 및 손상에 대한 매수인의 위험에 대해 보험계약을 체결하여야 한다. CIP규칙하에서 매도인은 최대담보의 보험을 취득하도록 요구된다. CIP규칙은 매도인이 물품을 수출통관이행하여야 한다. 하지만 매도인은 물품의 수입통관, 수입관세, 수입 관련 통관절차에 관한 의무는 없다.

(5) DAP(도착지인도규칙)

'Delivered at Place'규칙은 합의된 도착장소에서 물품을 도착된 운송수단으로부터 양하할 준비를 한 상태로 매수인의 임의처분상태에 인도하는 것을 의미한다. 매도인은 합의된 인도장소까지 물품을 가져오는 데 수반되는 위험을 부담하여야 한다. DAP규칙은 매도인이 물품을 수출통관이행하여야 한다. 하지만 매도인은 물품의 수입통관, 수입관세, 수입 관련 통관절차에 대한 의무는 없다. 만약 당사자들이 물품의 수입통관, 수입관세의 납부, 모든 수입통관절차를 매도인이 할 것을 원한다면 DDP규칙을 사용하여야 한다.

(6) DPU(도착지양하인도규칙)

'Delivered at Place Unloaded'규칙은 Incoterms® 2020규칙에서 신설된 규칙으로 Incoterms®2010규칙에서의 DAT규칙[5]을 계승한 것이다. 이 규칙은 물품이 지정목적지에서 또는 지정목적지 내에 어떠한 지점이 합의된 경우에는 그 지점에서 도착운송수단으로부터 양하된 상태로 매수인의 처분하에 놓인 때 물품을 인도하고 위험을 이전한다.[6] 매도인은 물품을 지정목적지까지 가져가서 그곳에서 물품을 양하하

5) DAT규칙은 '터미널 인도규칙'을 의미한다. 동 규칙은 모든 운송수단에 적용되고 물품이 도착하는 운송수단으로부터 양하된 상태로 매수인의 임의처분상태로 둘 것을 명시하고 있다. 동 규칙에서 터미널은 덮개 유무와 관계없이 물품이 놓여질 수 있는 모든 장소, 즉 부두, 창고, 컨테이너 야드 또는 도로, 철도 또는 항공화물 터미널을 포함한다. 매매계약의 당사자들은 특정한 터미널과 물품이 양하되어야 하는 터미널 내의 지점을 가능하면 분명하게 명시하도록 주의해야 한다. 왜냐하면 손실의 위험은 그러한 인도가 이루어질 때까지 매도인에게 머물러 있고, 손실의 위험이 매수인에게 이전되는 장소에 대해서는 어떠한 혼란도 없는 것이 중요하기 때문이다. 이양기, "인코텀즈 2010의 법적 지위와 실무적용상의 한계", 『관세학회지』, 제13권 제2호, 한국관세학회, 2012, 202면.

6) ICC, Incoterms® 2020, DPU, A1.

는 데 수반되는 모든 위험을 부담한다. 따라서 본 인코텀즈규칙에서 인도와 목적지의 도착은 같은 것이다. DPU는 매도인이 목적지에서 물품을 양하하도록 하는 유일한 인코텀즈규칙이다. 따라서 매도인은 자신이 그러한 지정장소에서 양하를 할 수 있는 입장에 있는지를 확실히 하여야 한다. 당사자들은 매도인이 양하의 위험과 비용을 부담하기를 원하지 않는 경우에는 DPU를 피하고 그 대신 DAP를 사용하여야 한다.7)

(7) DDP(관세지급인도규칙)

'Delivered Duty Paid'규칙은 매도인이 합의된 도착장소에서 수입통관을 필한 물품을 도착된 운송수단으로부터 양하하지 않은 상태로 매수인의 임의처분상태에 인도하는 것을 의미한다. 매도인은 합의된 도착장소에 물품을 가져오는 데 수반되는 모든 비용과 위험을 감수하여야 하며, 물품의 수출통관뿐만 아니라 수입통관, 수출과 수입에 대한 모든 관세, 모든 통관절차를 이행할 의무를 가진다. DDP규칙은 매도인의 최대의무를 나타낸다.

2) Rules for Sea and Inland Waterway Transport

(1) FAS(선측인도규칙)

'Free Alongside Ship'규칙은 매도인이 물품을 매수인이 지정된 본선의 선측(예를 들어, 부두 또는 부선상)에 인도하는 것을 의미한다. 물품의 멸실 및 손상에 대한 위험은 물품이 본선의 선측에 인도되는 경우 이전되며, 매수인은 그 순간부터 모든 비용을 감수하여야 한다. 물품이 컨테이너에 적입된 경우 매도인은 본선의 선측이 아니라 터미널에서 운송인에게 인도하는 것이 일반적이다. 이러한 경우에는 FAS규칙은 부적절하며, FCA규칙을 사용하여야 한다. FAS규칙은 매도인이 수출통관을 이행하도록 요구된다. 하지만 매도인은 물품의 수입통관, 수입관세, 수입 관련 통관절차에 관한 의무를 지니지 않는다.

7) ICC, Incoterms® 2020, DPU, A1.

(2) FOB(본선인도규칙)

'Free on Board'규칙은 매도인이 합의된 선적 항구에서 매수인에 의해 지정된 선박의 본선상에 물품을 인도하거나 이미 선적을 위해 인도된 물품을 조달하는 것을 의미한다. 물품의 멸실 및 손상에 대한 위험은 물품이 본선의 갑판상에 이전되며 매수인은 그 순간부터 모든 비용을 부담하여야 한다.

FOB규칙은 물품이 본선에 적재되기 전에 운송인에게 인도되는 경우, 예를 들면 터미널에서 인도되는 컨테이너 물품에는 적절하지 않을 것이다. 이러한 경우에는 FCA규칙이 사용되어야 한다. FOB규칙은 매도인이 수출통관을 이행하도록 요구된다. 하지만 매도인은 물품의 수입통관, 수입관세, 수입 관련 통관절차에 관한 의무를 지니지 않는다.

(3) CFR(운임포함규칙)

'Cost and Freight'규칙은 매도인이 합의된 선적 항구에서 매수인에 의해 지정된 선박의 본선상에 물품을 인도하거나 이미 선적을 위해 인도된 물품을 조달하는 것을 의미한다. 물품의 멸실 및 손상에 대한 위험은 물품이 본선의 갑판상에 적재되었을 때 이전된다. 매도인은 물품의 운송계약을 체결하여야 하며, 합의된 도착 항구에 물품을 가져오는 데 필요한 비용과 운임을 부담하여야 한다.

CFR규칙은 물품이 본선에 적재되기 전에 운송인에게 인도되는 경우, 예를 들면 터미널에서 인도되는 컨테이너 물품에는 적절하지 않을 것이다. 이러한 경우에는 CPT규칙이 사용되어야 한다. CFR규칙은 매도인이 수출통관을 이행하도록 요구된다. 하지만 매도인은 물품의 수입통관, 수입관세, 수입 관련 통관절차에 관한 의무를 지니지 않는다.

(4) CIF(운임 · 보험료포함규칙)

'Cost, Insurance and Freight'규칙은 매도인이 합의된 선적 항구에서 매수인에 의해 지정된 선박의 본선상에 물품을 인도하거나 이미 선적을 위해 인도된 물품을 조달하는 것을 의미한다. 물품의 멸실 및 손상에 대한 위험은 물품이 본선의 갑판상에 적재되었을 때 이전된다. 매도인은 물품의 운송계약을 체결하여야 하며, 합의된 도착 항구에 물품을 가져오는 데 필요한 비용과 운임을 부담하여야 한다. 또한 매도인은 운송 도중 물품의 멸실 및 손상에 대한 매수인의 위험에 대하여 보험을 부보하여야 한다. 매수인은 CIF규칙에서 매도인은 최소부담의 보험만을 취득하도록 요구된다는 사실에 주의하여야 한다.

CIF규칙은 매도인이 수출통관을 이행하도록 요구된다. 하지만 매도인은 물품의 수입통관, 수입관세, 수입 관련 통관절차에 관한 의무를 지니지 않는다.

CHAPTER 5

무역결제

1. 현금결제방식
2. 송금방식
3. 추심결제방식(D/A와 D/P)
4. 신용장
5. 국제팩토링
6. 포페이팅

1 현금결제방식

'물품' 또는 '서류'와 상환으로 현금결제하는 방식을 말한다.

1) COD(Cash On Delivery: 물품인도 결제방식)

① 물품이 목적지에 도착하면 '물품과 상환'으로 현금결제하는 방식이다.

② 수출자가 물품선적 후 선적서류 등을 수입국 소재 자신의 대리인 또는 지사에게 송부하여 물품이 목적지에 도착하면 수입업자가 검사 후 물품을 인도받으며 대금을 결제하는 방식이다.

그림 5-1 COD 결제흐름

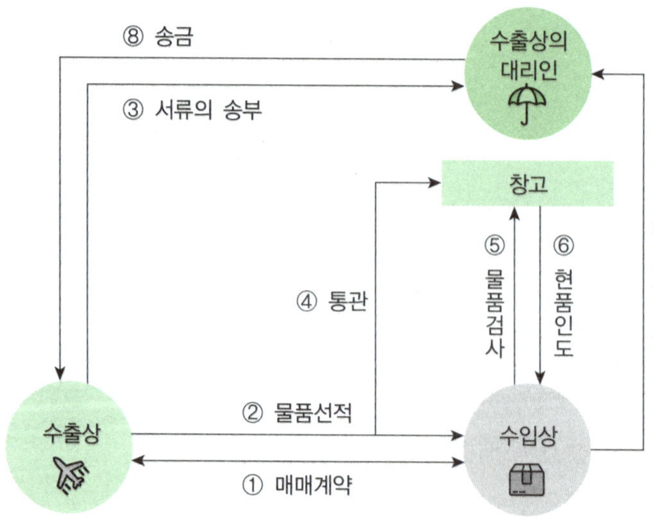

2) CAD(Cash Against Document: 서류인도방식)

① 물품선적 후 수출국에서 '서류와 상환'으로 현금결제하는 방식이다.

② 수출업자가 선적 후 선적서류 등(선하증권, 보험서류, 상업송장 등)을 수출국 소재 수입업자의 대리인 또는 거래은행에 제시하여 서류와 상환으로 대금을

결제하는 방식이다.

그림 5-2 CAD 결제흐름

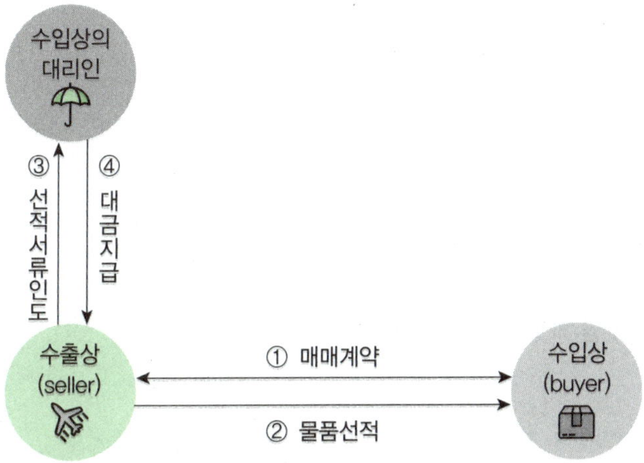

2 송금방식

송금(환)방식(remittance basis)은 지급지시방법에 따라 외국환은행 간 지급지시에 의한 방법과 송금환수표에 의한 방법으로 구분된다.

1) M/T(Mail Transfer)와 T/T(Telegraphic Transfer)

① 수입자가 수입대금을 외국환은행에 입금시키면서 대금을 수출업자에게 외국환거래은행을 통해 외화로 지급해 줄 것을 요청하는 방식이다.

② 이때 지급지시서(payment order)를 전신으로 송부할 경우를 T/T(전신환), 우편으로 송부할 경우를 우편환(M/T)이라 구분한다. 따라서 M/T와 T/T의 차이는 기간의 차이이며, 곧 그로 인한 이자의 차이이다. 결제조건(payment terms)으로 송금방식을 이용하는 경우에는 다음과 같이 약정한다.

"Under T/T in advance basis in U.S. Dollars."

2) 송금환수표(Demand Draft: D/D)

① 수입자가 수입지 외국환은행에 대금을 지불하고 발급받은 송금환수표를 직접 수출자에게 보내 수출자가 당해국의 외국환은행에서 현금화하는 방법이다.

② 송금인이 직접 수취인에게 우송함으로써 도중에 분실, 도난의 우려가 크기 때문에 소액거래에 주로 이용된다.

3 추심결제방식(D/A와 D/P)[1]

1) D/A(Document Against Acceptance: 인수인도조건)

수출상(의뢰인: principal/drawer)이 수입상과의 매매계약에 따라 물품을 선적한 후 구비된 서류에 '기한부환어음'을 발행 및 첨부하여 자기거래은행(추심의뢰은행: remitting bank)을 통하여 수입상의 거래은행(추심은행: collecting bank) 앞으로 그 어음대금의 추심을 의뢰하면, 수입상의 거래은행인 추심은행은 이를 수입상(지급인: drawee)에게 제시하여 그 제시된 어음을 일람지급받지 않고 인수만 받음으로써 서류를 인도한 후 만기일에 지급받는 방식이다. 이는 다음과 같이 약정한다.

"Payment Terms: under D/A at 60 days after sight in U.S. Dollars."

1) "A bill of exchange is an unconditional order in writing, addressed by one person to another, signed by the person giving it, requiring the person to whom it addressed to pay on demand or at fixed or determinable future time a sum certain in money to or to the order of a specified person, or to bearer." (Bill of Exchange Act, 3조)

그림 5-3 D/A 대금결제과정

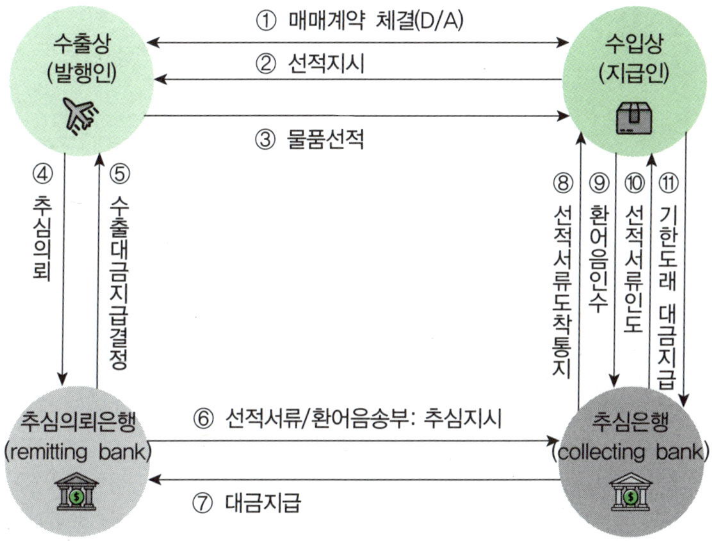

2) D/P(Document Against Payment: 지급인도조건)

수출상(의뢰인: principal/drawer)이 수입상과의 매매계약에 따라 물품을 선적한 후 구비된 서류에 '일람출급환어음'을 발행, 첨부하여 자기거래은행(추심의뢰은행: remitting bank)을 통하여 수입상의 거래은행(추심은행: collecting bank) 앞으로 그 어음대금의 추심을 의뢰하면, 추심은행은 수입상(지급인: drawee)에게 그 어음을 제시하여 어음금액을 지급받고 서류를 인도하는 거래방식이다.

"Payment Terms: under D/P at sight in U.S. Dollars."

그림 5-4 D/P 대금결제과정

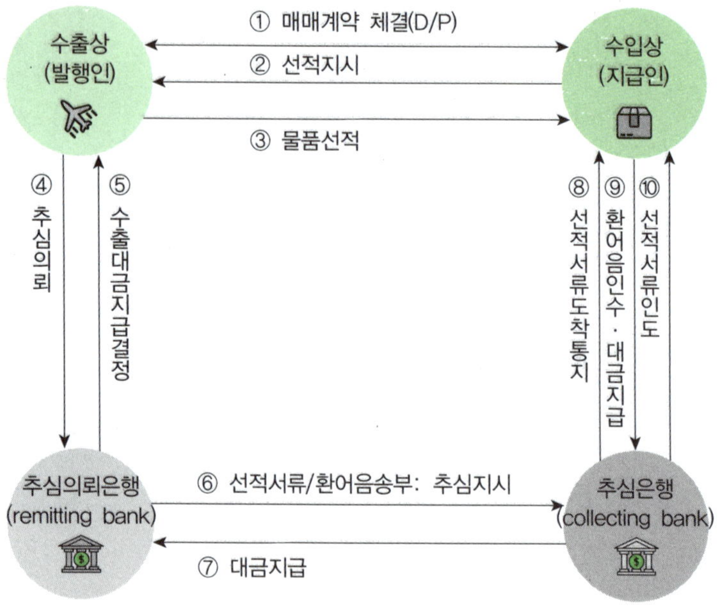

4 신용장

1) 신용장의 의의

신용장은 수입상의 거래은행(발행은행)이 수입업자(발행의뢰인)의 요청으로 수출상으로 하여금 일정기간 내에(신용장 유효기간) 일정조건(신용장에 기재된 조건)하에서 선적서류와 어음 등이 일치하는 제시를 구성하는 경우 은행이 대금을 지급하겠다고 약속하는 '은행의 조건부 지급확약서'라고 정의할 수 있다.

2) 신용장 당사자

(1) 발행의뢰인(Applicant)

수출상(beneficiary)과의 매매계약에 따라 자기거래은행(opening bank)에 신용장을 발행해줄 것을 요청하는 '수입상'을 의미하는 경우가 많으며, Drawee(환어음 지급인), Consignee(발송물품 수탁자), Buyer, Opener(신용장 발행 의뢰인)로도 불린다.

(2) 발행은행(Issuing Bank)

수익자에 대해서 대금의 지급을 확약하는 신용장을 발행하는 은행으로 환어음지급에 있어서 최종적인 책임을 부담한다.

(3) 통지은행(Advising Bank, Notifying Bank)

발행된 신용장을 단순히 수익자에게 통지하는 은행으로 지급, 인수, 매입을 해야 할 의무는 없으나 신용장의 외관상 진정성(apparent authenticity)의 확인을 위해 상당한 주의(reasonable care)를 할 의무를 가지며, 보통 수출국에 위치한 신용장 발행은행의 본 · 지점이나 환거래은행이 된다.

(4) 수익자(Beneficiary)

일치하는 제시에 대하여 대금을 지급받는 자로 수출업자를 의미하며, Drawee(환어음 발행인)로 불리기도 하고, '물품을 발송하는 자'라는 의미에서 Consignor라고도 한다. 신용장에서는 통상 'in favor of ~'라고 하며 수익자를 표시한다.

(5) 확인은행(Confirming Bank)

발행은행과 독립적으로 발행은행의 재력이나 존폐에 상관없이 신용장조건에 의거하여 발행된 환어음을 지급, 인수, 매입하겠다는 독립적인 확약을 부가하는 은행으로 발행은행의 요청에 의하여 공신력 있는 은행이 신용장을 확인하여 독립적인 지급확약을 한다.

(6) 매입은행(Negotiating Bank)

발행은행으로부터 지정받은 은행이나 아무 은행(any bank)이 매입은행이 될 수 있고 통상 수익자의 거래은행이 매입은행이 된다.

(7) 상환은행(Reimbursing Bank)

① 발행은행의 지시에 따라 지급, 인수, 매입은행의 상환청구를 받아 상환을 해주는 은행이다.

② 즉 발행은행의 상환수권이나 지시에 따라 결제의 편의를 제공하는 은행이다.

③ 제3국 통화로 거래하는 경우, 제3국 소재의 은행을 이용하는 경우 등에 쓰인다. 발행은행의 입장에서는 결제은행(setting bank)이 된다.

3) 신용장결제 흐름

신용장방식의 거래과정을 살펴보면 다음과 같다.

그림 5-5 신용장결제방식

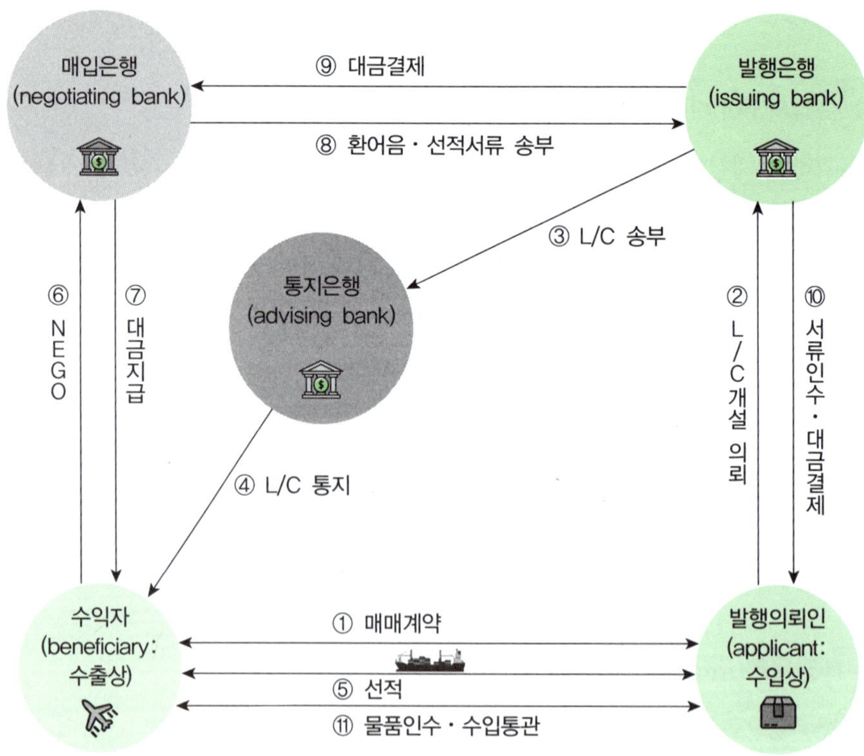

4) 환어음

(1) 환어음의 의의

국제상거래에서 채권자가 채무자에 대하여 그 채권금액을 지명인 또는 소지자에게 일정한 시일 및 장소에서 지급할 것을 무조건 위탁하는 요식(要式)유가증권이다. 환어음의 효력은 원칙적으로 행위지의 법률에 의해 처리되고, 보통 두 통이 발행되어 하나가 결제되면 나머지는 무효로 된다.

(2) 신용장을 근거로 한 환어음의 당사자

① 발행인(Drawer): 환어음을 발행하고 서명하는 자, 즉 수출업자인 채권자이다.

② 지급인(Drawee=Accountee): 환어음의 지급을 위탁받은 채무자, 즉 발행은행이다.

③ 수취인(Payee): 환어음의 지급을 받는 자로서 발행인이 될 수도 있고 발행인이 지정하는 제3자가 될 수도 있다.

(3) D/P, D/A에 근거한 환어음의 당사자

① 추심의뢰인(principal)은 'seller', 'exporter', 'drawer', 'consignor', 'customer'를 의미한다.

② 추심의뢰은행(remitting bank)은 의뢰인으로부터 추심을 의뢰받은 수출국의 은행을 의미한다.

③ 추심은행(collecting bank)은 추심의뢰은행 이외의 추심과정에 참여하는 은행을 의미한다.

④ 제시은행(presenting bank)은 지급인에게 제시를 하는 수입국의 추심은행을 말한다.

⑤ 지급인(drawee)이 있는데, 이는 수입상, 즉 'buyer', 'importer', 'consignee'를 말한다.

⑥ D/P, D/A를 반드시 명시하여야 하며 명시하지 않은 경우 D/P로 간주한다. D/P는 유럽형 CAD이라고도 한다.

표 5-1 계약당사자의 명칭비교

구분	수출상	수입상
매매	seller	buyer
무역	exporter	importer
신용장	beneficiary	applicant
어음	drawer	drawee
계정	accounter	accountee
화물	consignor	consignee

5 국제팩토링

1) 국제팩토링

기업의 외상매출금을 매매하는 금융으로 외상매출금을 소구권 행사 없이 매입하여 매입채권을 대가로 전도금융을 제공하며 채권만기일에 채무자로부터 직접 대금을 회수한다. 수출자가 수입자에게 물품이나 서비스를 제공함에 따라 발생하는 외상매출채권 보전과 관련 팩토링회사가 수출자를 대신하여 수입자에 관한 신용조사 및 신용위험의 인수, 매출채권의 기일관리 및 대금회수, 금융의 제공, 기타 회계처리 등의 업무를 대행하는 금융서비스이다.

2) 국제팩토링방식에 의한 무역대금결제과정

① 수입상으로부터 물품주문을 받는다.

② 국제팩토링방식으로 수출하고자 하는 수출상은 먼저 수출 팩터에게 수입상에 대한 신용조사를 팩터의 소정양식인 신용승인신청서에 의하여 의뢰한다.

③ 수출 팩터는 수출상으로부터 접수한 수입상에 대한 신용승인신청서에 따라 수입국의 거래 팩터에게 수입상에 대한 신용조사 및 수입 팩터가 지급보증할 수 있는 신용한도를 요청한다.

④ 수입 팩터는 수입상에 대한 신용조사를 실시한다.

⑤ 신용조사의 결과 및 승인을 수출 팩터에게 통지한다.

⑥ 수출 팩터는 수입 팩터로부터 접수된 수입상의 신용승인내용을 검토하고 수출상에게 통지하며 팩토링방식으로 수출할 수 있도록 지원한다.

⑦ 수출상은 신용승인내용을 근거로 수입상과 국제팩토링방식의 수출입계약을 체결한다.

⑧ 수출상은 물품을 선적한다.

⑨ 수출상은 송장 등 매출채권을 수출 팩터에게 양도한다.

⑩ 수출 팩터는 운송서류를 확인한 후 송장금액의 100% 이내에서 수출상에게 전도금을 제공한다.

⑪ 수출 팩터는 송장의 원본 및 사본에 수입 팩터로부터 우송되어 온 양도 문언을 삽입하고 원본은 수입상에게 우송하되 사본은 수입 팩터에게 양도한다.

⑫ 수입상은 수입대금의 지급기일이 되면 수입대금을 수입 팩터에게 지급한다.

⑬ 수입 팩터는 수입상으로부터 대금을 영수하면 즉시 수출 팩터에게 송금한다.

⑭ 수출 팩터는 수입 팩터로부터 송금되어 온 수출대금을 수출상에게 지급하게 된다. 이때 수출 팩터는 수출상에게 전도금융한 금액과 수입 팩터로부터 송금되어 온 수출대금을 서로 상계하여 정산한다.

6 포페이팅

① 채권을 포기하거나 양도하고 현금을 받는 것을 말한다.

② 포페이팅(forfaiting)은 프랑스어 'forfait'에서 유래된 용어로 무소구(without recourse)조건 수출환어음 매입이라고도 한다.

③ 수출의 대가로 받은 어음을 고정 이자율로 할인하여 거래하는 무역금융기법으로 국가 위험도가 높은 새로운 시장을 개척하려는 경우에 알맞다.

④ 수출업자는 수출대금을 미리 받아 새로운 투자를 할 수 있으며, 차후 발생하는 수입자의 대금지급 거절이나 연기에서 오는 손해는 일체 부담하지 않아도 되는 장점이 있다.

⑤ 지급보증서 발급비용 등이 포함된 수수료를 비교적 높게 부담해야 하며, 금융비용의 증가로 수입물품의 가격을 상승시키는 단점이 있다.

그림 5-6 외화송금신청서

외화송금신청서

(Application for Foreign Remittance)

○○은행 앞

TO THE ○○ BANK 신청일(DATE) : 20 . .

본인은 외화거래기본약관에 따라 아래와 같이 귀행이 외화를 송금하여 줄 것을 신청하며 아울러 귀행 영업점에 게시한 외환거래기본약관을 열람하고 그 내용을 따를 것을 확약합니다.

I/We hereby apply for the remittance of foreign exchange according to the General Terms and Conditions of Foreign Exchange Transactions as follows. In addition, I/We hereby acknowledge my/our perusal of the above General Terms and Conditions posted at your bank's branches and agree to abide by them.

신청인	상호 및 성명 (Applicant)	한 글(KOREAN)	(인 또는 서명)		
		영 문(ENGLISH)			
	사 업 자	사업자등록번호			
	내 국 인	주민등록번호			
	외국인(해외교포)	여 권 번 호			
	주 소	(Tel)			
신청내용	송금방법(Send By)	□전신송금(TT)	□송금수표(CRS)	□송금수표(DD)	□우편송금(MT)
	송금액(Amount) (납입내역: Classification of Rem. Amount)	(U$) 1. 원화 2. 외화 3. 외화대출 4. 외화대체 5. 외화예금 6. 기타			
	수취인 (Beneficiary)	성 명(Name)		신청인과의 관계	
		주 소(Address) (Tel)			
		국 적			
	수취인거래은행	은행명 · 주소(Bank Name & Address)			
		수취인계좌번호(BNF'S A/C No).			
	송금사유 (Description)		국외수수료부담 (Charge)	□ 수취인 (Beneficiary)	□ 신청인 (Applicant)
	수입대금(미화 2만불 초과)의 경우 기재	품목(H.S.Code)	L/C or 계약서 No.	대응수입예정일	
				당초: 변경:	
	※ 해외여행경비 등의 경우 기재	기본경비: 현지정착비: 해외이주비:	체제비: 기타경비:	(~)	
	지급일자(Value Date)				
신고 · 신고수리번호					
결제은행 (Covering Bank)					
송금 Reference No.					

주: 1. 첨부서류(Attached Documents): 지급의 사유와 금액을 입증하는 서류
2. 굵은 선 안에만 기입(고객)

CHAPTER 6

국제물품운송

1. 해상운송
2. 컨테이너운송
3 항공운송
4 국제복합운송

1 해상운송

해상운송(carriage by sea)이란 선박을 이용해 해상을 경유하여 물품이나 사람을 공간적으로 이동시키는 현상으로 일반적으로 국제무역에서의 해상운송은 적하수송을 의미한다. 선박의 운송형태에 따라 정기선(liner)과 부정기선(tramper)이 있으므로 운송할 화물의 수량이나 성질에 따라 수출자 또는 수입자는 선박회사와 운송계약을 체결해야 한다.

1.1 정기선(Liner)운송

1) 정기선운송의 의의

정기선은 일정한 운송계획에 따라 특정 항로만을 규칙적으로 왕복 운항하는 선박을 의미하며, 일반화물(general cargo)을 운송하고 주로 다수 화주의 소량화물(LCL 화물)을 대상으로 한다. 해운동맹(Conference System)이 정한 공통운임률(tariff rate)에 의해 운영되는 것이 보통이고, 지정항로 유지를 위한 고정비용으로 인해 운임은 대체로 높다.

2) 개품운송계약

① 선박회사가 다수 화주(貨主)의 개별화물에 대한 운송을 개별적으로 계약을 체결한다.

② 많은 화물을 여러 화주로부터 인수하여 혼재(consolidation) 작업을 하는 경우가 많다.

③ 화주가 S/R(Shipping Request)을 제출하면 선사가 접수함으로써 계약이 성립된다.

④ 운송계약의 증거로 B/L(Bill of Lading)이 발행된다.

3) 개품운송계약절차

① 화주는 배선표(shipping schedule)를 통하여 항로별 선박명이나 입항예정일(ETA)과 출항예정일(ETD)을 확인한다.

② 해당 선박회사에 선복요청서(shipping request)를 제출하여 선복신청을 한다. 이때 상업송장, 포장명세서, 신용장 사본 등을 첨부해야 한다.

③ 선박회사가 선적지시서(shipping order)를 발행한다.

④ 화주는 선적지시서를 본선 1등 항해사에게 제시 후 선적한다.

⑤ 본선수령증(M/R: Mate Receipt)을 취득 후 선박회사에 제시하고 선하증권(B/L)을 발급받는다.

| 표 6-1 | 정기선운송 시 선적 관련 서류의 흐름

선적 관련 서류	작성자	서류 제공
① 선적스케줄 통보 (Vessel Schedule)	선박회사	선박회사 → 수출자 또는 선박회사 → 수입자 → 수출자
② 선복요청서 (Shipping Request: S/R)	화주	수출자 → 선박회사 또는 수입자 → 선박회사
③ 선적지시서 (Sailing Order: S/O)	선박회사	선박회사 → 선장
④ 본선수령증 (Mate's Receipt: M/R)	일등항해사	선박회사 → 수출자
⑤ 수출신고필증 (Export Clearance)	세관	세관 → (관세사) → 수출자 → 선박회사
⑥ 선하증권 (Bill of Loading: B/L)	수출지 선박회사	선박회사 → 수출자
⑦ 화물인도지시서 (Delivery Order: D/O)	수입지 선박회사	수입지 선박회사 → 수입자

4) 정기선운임

정기선의 경우 해운동맹에 의하여 운임이 책정되기 때문에 운임동맹, 항로동맹이라고 부른다. 정기선의 경우 운임의 산정기준은 용적 또는 중량을 원칙으로 한다. 고가품의 경우에는 가격(귀금속)이나 개수(자동차)를 기준으로 하고 있지만, 운임의 선택권은 선박회사가 가지고 있다.

(1) 운임의 산정기준

① **톤중량**: 일반적으로 M/T, L/T, S/T 등을 사용하지만 자동차, 기관차 등은 UNIT 단위로 운임을 정하는데, 이 운임을 'in full freight'라고 한다.

② **용적**: 40 cubic feet를 기준으로 하였으나, 해운동맹규정에 의하여 1 cubic meter(M^3)로 하고 있다.

③ **가격기준**: 고가품의 경우 송장가격(주로 FOB가격)에 대하여 종가운임(ad valorem fright)을 적용한다.

(2) 정기선의 운임구조

① 기본운임(Basic Rate): 일정구간에 대해 품목별로 상이한 기본운임률을 설정하고 있다.

② 부과료(Charge)

- Transhipment Charge(환적료)
- Optional Charge(항구선택료)
- Diversion Charge(항구변경료)
- Minimum Charge(최저운임): 일정운임 미만의 화물의 경우 B/L당 최저운임을 적용한다.

③ 할증료(Surcharge, Additional Freight): 정기선에 있어서는 기항지 간에 용적이나 중량 등을 기준으로 한 기본운임(base rate)의 적용 외에 화물이나 항로 등에 따라서는 할증운임(할증료)이 추가로 가산되는 경우가 있다.

표 6-2 할증운임의 종류

종류	할증료 부과대상
장척할증료 (Lengthy Surcharge)	30피트 이상의 장척물(lengthy cargo)에 부과
중량할증운임 (Heavy Lift Surcharge)	한 개의 중량이 3톤 이상의 초중량화물(heavy cargo)에 부과
용적할증운임 (Measurement Surcharge)	화물의 부피가 일정용적을 초과된 화물에 대해 부과
유가할증료 (Bunker Adjustment Factor: BAF)	유가인상으로 인한 운임수입의 손실을 보전하기 위해 부과
체선(화)할증료 (Port Congestion Surcharge)	입출항 선박의 수에 비해 항구의 하역능력이 부족하여 하역작업을 위한 대기시간이 길어짐으로 인해 선사 측에 추가적인 경비가 발생할 경우에 화주에게 부과
통화할증료 (Currency Adjustment Factor: CAF)	환율변동으로 인한 운임수입의 결손을 보전하기 위해 기본운임 외에 부과
기타 할증료	화약, 독극물 등의 위험물(dangerous cargo)에 부과

④ **부적운임(Dead Freight)**: 부적운임은 송하인이 운송계약 체결 후 화물의 관리를 태만하게 하였거나 또는 부득이한 사정으로 예약한 선적을 이행하지 못하여 부적선복이 발생하였을 경우에 이에 대하여 선주에게 지불해야 할 운임을 말한다. 수출자는 이러한 부적운임이 발생하는 것을 예방하기 위해서 선복예약 시 수입상과 계약을 체결한 수출화물 조달 및 선적계획을 철저히 세워 관리해야 한다.

1.2 부정기선(Tramper)운송

1) 전부용선계약(Whole Charter)

(1) 정기(기간)용선계약(Time Charter)

① '용선기간'을 기준으로 대가를 산정하는 방식이다. 선박에 필요한 모든 용구를 비치하고 선원까지 승선시킨 내항성(耐航性: seaworthiness)을 갖춘 선박을 일

정기간 용선한다.

② 선주는 선용품, 수리비 등 직접비와 보험료, 금리 등 간접비를 부담하고, 용선자는 용선료 외에 연료비, 항구세 등 운항비를 부담한다. 선장에 대한 지휘권은 용선자가 보유한다.

(2) 항해용선계약(Voyage or Trip Charter)

① 항구 대 항구의 운송으로 대가를 산정하는 방식이다. 출발항에서 목적항까지 1항해(편도)를 약정하는 경우를 Voyage Charter, 왕복운항을 약정하는 경우를 Trip Charter라고 구분하기도 한다.

② 운송보수의 결정은 적재화물의 톤당 얼마로 정해지는 것이 보통이다.

(3) 선체용선계약(Bareboat Charter)

① 선박만을 빌려주는 계약이다. 즉 용선자가 선박을 제외한 선원, 장비와 소요품 일체에 대한 책임을 부담한다.

② 선박이 부족하고 선원과 장비가 풍부한 나라의 선사가 외국선박을 선체용선하여 선원, 장비를 갖추어 제3국에 재(再)용선(sub-charter)하는 경우에 많이 이용된다.

2) 용선운송계약

① 용선자의 조회(inquiry)에 대하여 선박운항업자가 확정청약(firm offer)이나 반대청약(counter offer)을 제시한다.

② 용선자의 수락으로 용선계약이 성립한다.

③ 선복확약서(fixture memo)를 작성하고 서명한 후 정식 용선계약서를 작성한다.

④ 선복확약서가 용선계약서를 대신할 수도 있다.

| 표 6-3 | 정기선운송과 부정기선운송의 비교

구분	정기선운송	부정기선운송
화물유형	• 이종화물 • 완제품, 반제품이 주대상화물 • 고가품화물이 주종	• 동종화물 • 대량의 벌크화물이 주대상 • 저가품화물이 주종
이용화주	• 불특정다수	• 대기업 및 종합상사
운송계약	• 개품운송계약 체결 • 선하증권(B/L)	• 용선계약 체결 • 용선계약서(charter party)
선박구조	• 선박구조 복잡	• 선박구조 단순
운항항로	• 사전에 정해진 기항항들 규칙적 운항	• 항로를 자유롭게 선택
해운동맹 가입 여부	• 해운동맹(shipping conference) 주도 • 자율적 경쟁제한	• 비동맹(non-conference) • 완전경쟁에 접근
해상운임	• 운임률표(tariff) 보유 • 부정기선에 비해 높은 운임	• 별도의 운임률표 없음 • 선박의 수요와 공급에 의해 상당히 탄력적 결정 • 비교적 운임 저렴

3) 정박기간

해상운송수단에는 정기선을 이용한 개품운송과 부정기선을 이용한 용선운송이 있는데 용선운송의 경우 용선계약서상에 화물의 적재 · 양하를 위한 정박기간이 명시되어야 한다. 즉 정박기간(Laydays, Laytime)이란 용선계약(특히 voyage C/P)에 있어서 화주가 계약화물의 전량을 적재 · 양하하기 위하여 선박을 선적 · 양륙항에 정박시킬 수 있는 기간을 의미한다.

① CQD(Customary Quick Despatch: 관습적 조속하역): 당해 항구의 관습적 하역방법, 하역능력에 따라 될 수 있는 한 조속한 하역을 약정하는 조건이다. 선장과 화주가 서명한 정박일수계산서(lay-days statement)에 의해 날짜가 계산된다.

② Running Lay-days(지속기간): 하역의 개시일로부터 종료일까지 경과일수 자체로 정박기간을 정하는 방법이다. 특약이 없는 한 불가항력에 의한 휴무일, 공휴일 · 일요일도 정박기간에 포함된다.

③ WWD(Weather Working Days: 청정작업일): 하역이 가능한 양호한 기후의 날만을 정박기간에 포함시키는 방법으로 하역가능 여부는 선장과 화주의 협의에 의해 결정되는 것이 일반적이다.

- WWDSHEX: WWD Sundays and Holidays Excepted(WWD 중 일요일, 공휴일은 정박기간에서 제외함)
- WWDSHEXUU: WWD Sundays and Holidays Excepted Unless Used (WWD 중 일요일, 공휴일은 작업하지 않았다면 제외함)

4) 조출료와 체선료

① 조출료(早出料: Dispatch Money): 용선계약상 허용된 시간 이내에 하역을 완료했을 때, 절약된 기간에 대해 선주가 용선자에게 지불하는 지급액이며, 통상 체선료의 1/2이 지급된다.

② 체선료(滯船料: Demurrage): 용선계약상 허용된 시간을 초과하여 정박 시 초과 정박일에 대해 용선자(charterer)가 손해를 입게 된 선주(owner)에게 지불하는 지급액이다.

5) 하역비 부담조건

① Berth Terms: 선적 시, 양륙 시 모두 선사가 부담한다. 주로 정기선(liner) 운송에서 이용한다.

② FIO(Free In and Out): 선주가 선적, 양륙 부담에서 모두 자유로운 조건, 즉 선적, 양륙 시 모두 화주가 비용을 부담한다.

③ FI(Free In): 선사가 선적에 자유로운 조건, 즉 선적 시 화주가 부담하고, 양륙 시 선사가 부담한다.

④ FO(Free Out): 선사가 양륙에 자유로운 조건, 즉 양륙 시 화주가 부담하고, 선적 시 선사가 부담한다.

2 컨테이너운송

1) 컨테이너운송의 의의

① 컨테이너에 화물을 적입, 화물을 단위화한 컨테이너를 수송하는 운송형태이다.

② 컨테이너는 물적 유통부문의 포장, 수송, 하역, 보관 등 모든 과정에서 육·해·공로상의 세 가지 원칙인 경제성, 신속성, 안정성과 운송 중 화물의 이적(移積) 없는 일관수송을 실현시킨 혁신적 수송용기이다.

③ 복합운송, Door to Door서비스 등 일관수송체계를 실현시키는 수단이다.

2) 컨테이너화물

(1) FCL Cargo

FCL(Full Container Load) Cargo란 수출상 한 명의 화물만으로 한 개의 컨테이너를 채우는 만재화물을 말하며, 운송과정에서 거래당사자는 보통 한 명의 송하인(shipper)과 한 명의 수하인(consignee)이 있다.

(2) LCL Cargo

LCL(Less Than a Container Load) Cargo란 여러 명의 송하인화물로 한 개의 컨테이너를 채우는 혼재화물(consolidated cargo)을 말한다. LCL은 여러 화주의 화물을 하나의 컨테이너에 적입해야 하므로 수출화물을 컨테이너화물집하장(Container Freight Station: CFS)으로 운반하여 화물을 혼적(consolidation)해야 하는 불편함이 있다.

3) 컨테이너운송의 형태

(1) CFS/CFS(Pier to Pier: LCL/LCL운송)

다수의 송하인과 다수의 수하인으로 구성된다. 운송인이 여러 화주로부터 LCL화물을 인수받아 선적항 CFS에서 혼재(consolidation)하여 운송하고 목적항의 CFS에서 화물을 해체하여 여러 수하인에게 인도하는 방식이다.

(2) CFS/CY(Pier to Door: LCL/FCL운송)

다수의 송하인과 단일의 수하인으로 구성된다. 운송인이 여러 송하인들의 화물을 선적항의 CFS에서 집하하여 컨테이너에 적입한 후 최종목적지의 수하인의 공장 또는 창고까지 운송하는 방식이다. 대규모 수입업자가 동일국의 여러 송하인들로부터 수입 시 이용한다.

(3) CY/CFS(Door to Pier: FCL/LCL운송)

단일의 송하인과 다수의 수하인으로 구성된다. 선적지에서 수출업자가 FCL화물의 컨테이너로 운송하여 수입항의 CFS에서 화물을 내려 각각의 수하인에게 인도한다. 대규모 수출업자와 소규모 수입업자 사이에서 이용한다.

(4) CY/CY(Door to Door: FCL/FCL운송)

생산업자의 창고로부터 화주의 창고까지 컨테이너의 개폐 없이 일관수송하는 방식으로 수송의 3대 요소를 최대한 충족시킨다. 대규모 수출업자와 대규모 수입업자 사이에서 이용한다.

3 항공운송

항공운송(carriage by air)이란 항공기의 항복(plane's space)에 여객 또는 화물을 공로를 통하여 운송하는 것을 말한다. 본격적인 항공운송은 1970년부터 점보제트기가 세계 항로에 취항하면서 현대식 운송수단으로 각광을 받기 시작하였다. 항공화물 운송은 다른 운송에 비하여 야간에 집중되어 운항하게 되며, 계절적으로 화물운송량에 크게 영향을 받지 않으며 신속성과 안전성 및 정시성 등의 특성이 있다.

1) 운임의 구조 - 종량제

국제선의 운임은 원칙적으로 관계 양 당사국의 허가로 발효되지만, 세계 각국의 항공로는 수많은 항공사에 의해 연결되어 있으므로 항공사들 간의 지나친 운임경쟁 방지의 목적하에 IATA 운임조정회의에 의해 결정되어진다. 대부분 화물운임은 종량제를 원칙으로 하고 고가품의 경우 종가제를 적용한다. 항공화물 운임은 다음과 같이 구체적으로 구분할 수 있다.

(1) GCR(General Cargo Rate): 일반운임요율표

대부분의 화물에 적용되며, 중량별로 운임을 산정한다. 일반화물요율은 품목분류 혹은 특정품목 할인의 적용을 적용하지 않는 모든 화물의 운송에 적용되는 요율로 최저운임, 기본요율, 중량단계별 할인요율 등으로 분류[1)]할 수 있다.

1) • 최저운임(Minimum Charge): 한 건의 화물운송에 적용할 수 있는 가장 적은 운임, 즉 부피운임이나 중량운임이 최저운임보다 낮을 경우 최저운임이 적용된다. 요율표에는 M이라고 표시한다.
• 기본요율(Normal Rate): 45kg 미만의 화물에 적용되는 요율로서 모든 화물요율의 기본이 되며, 요율표상에는 N이라고 표시된다.
• 중량단계별 할인요율(Weight Break): 화물요율이 일정 중량단계에 따라 다른 요율이 선정되는데, 중량이 높아짐에 따라 kg당 요율은 낮게 설정되어 있다.
• 운임산출중량(chargeable weight): 화물 태리프에 kg당 또는 LB당 요율이 설정되어 있으며, 운임산출중량은 다음의 3가지 방법에 의해서 결정된다. ㉠ 실제중량에 의한 방법, ㉡ 용적중량에 의한 방법, ㉢ '높은 중량 단계에서의 낮은 운임 적용' 규정에 의한 방법

(2) Specific Commodity Rate(C): 특정화물운임률

대형화물에 대하여 운송구간과 최저중량을 지정하여 할인운임을 적용하는 것으로 특정품목 할인요율은 그 요율과 관련하여 설정된 최저중량이 제한을 받도록 되어 있으며, 이는 다량의 상품수송에 적용하기 위함이다.

(3) Commodity Classification Rate(Class Rate): 품목별 분류운임률

적용되는 품목은 6가지로 분류되어 있으며, 신문, 잡지 등의 물품 정기간행물이나 카탈로그 등은 할인운임을 적용하고, 금, 은, 보석 등은 할증운임을 적용한다.

2) 운임률의 적용 순위

특정품목, 품목분류, 일반화물 순으로 적용

① 화물의 신고가격이 US$20를 초과하는 경우에 적용[2)]한다.

② 종가운임의 산정을 원하지 않을 경우 송장 밑에

③ N.V.D(No Value Declared)를 해야 한다.

④ 종가요금=[운송신고가격-(총중량×US$20/kg(US$9.07/LB)]×0.5%

3) 부대운임

항공화물 THC+EDI 사용료+CCF(Charge Collect Fee)[3)]+서류발급비용+입체지급수수료[4)] 등이 있다.

---

2) 화물의 운송에 있어서 사고발생시 항공사의 최대배상한도액은 kg당 $20이나, 송하인이 상기 항공사의 최대배상한도액을 초과하는 금액을 항공사로부터 배상받고자 하는 경우 운송장상에 화물의 가격을 신고하고 종가요금을 지급한 경우에 상기의 kg당 20$(배상한도액)를 초과하는 실손해액을 배상받을 수 있다.

3) 항공에서 수입화물의 운임이 착지불이 되는 경우 해당 포워더가 출발지 국가에 대금송금이나 환리스크 등을 보존하기 위하여 통상적으로 2~5%를 부과하는 일종의 환가료이다.

4) 육상운송비용, 통관수수료, 보관료 등이 착지불로 되어 운송인이 수하인으로부터 징수하는 비용이다.

4 국제복합운송

1) 복합운송의 의의

복합운송이란 특정 화물을 육상 · 해상 · 내수로 · 항공 · 철도 · 도로운송 중에서 적어도 두 가지 이상의 운송형태를 복합적으로 이용하여 출발지에서 목적지까지 운송구간을 일관운송하는 것을 말한다.

2) 복합운송의 요건

① 운송에 대한 모든 책임이 복합운송인에게 집중되는 단일운송계약과 단일책임을 부담한다.
② 전 구간의 운송을 인수한다.
③ 다양한 운송수단이 이용된다.
④ 단일운임의 청구권을 갖는다.
⑤ 복합운송증권을 발행하여야 한다.

CHAPTER 7

해상보험

1. 해상보험의 의의
2. 해상위험과 해상손해
3. 위부(委付 : Abandonment)
4. 대위(代位 : Subrogation)
5. 협회적하약관

1 해상보험의 의의

1) 해상보험의 정의

보험자와 피보험자 사이에 체결되는 일종의 손해보상계약으로 "보험자가 피보험자에 대하여 그 계약에 의해 합의된 방법과 범위 내에서 해상손해, 즉 해상사업에 수반하여 발생하는 손해를 보상할 것을 약속하는 계약이다"(영국해상보험법 제1조).

2) 계약당사자

(1) 보험자(Insurer, Assurer, Underwriter)

① 보험계약을 인수하고 이에 따라 피보험자에게 손실보상을 약속하는 당사자이다.

② 일정한 보험료를 받고 보험사고 발생시 보험금(claim amount)을 지급한다.

③ 우리나라에서는 주식회사만이 될 수 있으므로 영국식의 개인보험자인 underwriter는 허용되지 않는다.

(2) 보험계약자(Policy Holder)

보험회사와 보험계약을 체결하고 보험료(insurance premium)를 지불하는 자를 말한다.

(3) 피보험자(Insured, Assured)

① 손실이 발생할 경우, 보험계약에 의해 보상을 받을 수 있는 당사자이다. 보험목적물에 대해 경제적 이해관계, 즉 피보험이익(insurable interest)을 가져야 한다.

② 보험계약자와 피보험자는 계약조건에 따라 동일인이 될 수도 있고 서로 다른 사람이 될 수도 있다. CIF계약의 경우는 수출업자가 수입업자를 위해 보험계

약을 체결하므로 수출업자가 보험계약자, 수입업자가 피보험자가 된다.
③ FOB계약의 경우는 수입업자가 보험계약자인 동시에 피보험자가 된다.

3) 보험기간

보험자의 위험부담 책임의 존속기간, 즉 보험자의 위험부담의 시간적 한계를 보험계약기간 또는 위험기간(duration of risk)[1)]이라 한다. 보험기간은 당사자의 합의에 의해 정해지는데, 보험기간의 결정방법에 따라 해상보험은 항해보험과 기간보험으로 구별할 수 있다.

항해보험(voyage policy)이란 보험기간이 특정 항구부터 특정 항구까지와 같이 일정항해를 기준으로 하여 가입된 보험을 의미하고, 기간보험(time policy)은 보험기간이 일정시점을 기준으로 정해진 보험을 말한다.

4) 운송약관

운송약관(transit clause)은 "보험자의 책임은 화물 출발지의 창고 또는 보관장소에서 반출된 때에 시작되며 도착지의 최종창고 또는 그 외의 보관장소에 반입되었을 때, 또는 통상 운송과정 이외의 보관이나 할당 혹은 분배를 위하여 사용하고자 선택한 기타의 창고나 보관소에 인도될 때, 또는 최종하역항에 있어서 화물이 외항선에서 하역된 후 60일이 경과한 때 끝난다"[2)]라고 규정하고 있다.

CIF규칙으로 운송약관부 적화보험계약을 할 때는 수출자는 화물양륙 후부터 최종도착지까지의 보험료를 나중에 수입자로부터 징수한다.

---

1) 보험계약기간(duration of policy)은 보험기간의 개시 여부에 관계없이 보험계약이 유효하게 존속하는 기간을 말한다.

2) 우리나라는 수입화물에 대하여 60일을 30일로 수정하여 사용하고 있다. 이는 통관수속의 소요기간이 하역 후 30일이면 충분하고 창고를 갖지 않은 대부분의 수입상들이 보세창고 및 기타 장소에 화물을 저장하고 있어 사실상의 최종창고나 다를 바 없다고 판단되기 때문이다.

2 해상위험과 해상손해

1) 해상위험

(1) 해상고유의 위험(Perils of the sea)

해상고유의 위험은 해난, 즉 바다의 자연적 위험으로 인한 우연한 사고 또는 재난을 말하고, 풍파의 통상적인 작용은 포함되지 않는다. 침몰(sinking), 좌초(stranding), 충돌(collision), 교사(grounding)를 비롯하여 악천후(heavy weather) 등이 있다.

(2) 해상위험(Perils on the seas, Maritime Perils)

해상위험의 전형적인 예로는 자연적 또는 인위적 행위에 의한 화재(fire or burning)뿐만 아니라 투하(jettison), 선원의 악행(barratry of master or mariners), 해적 · 절도 · 강도(pirates, rovers & thieves) 등 인위적 위험도 포함한다.

(3) 전쟁위험(War Perils)

해상보험에 있어서의 전쟁위험의 개념은 국제법상의 전쟁위험에 비하여 광범위하며, 전쟁(war), 변란(warlike operation), 강유(arrests), 억지(restraints), 억류(detainments), 해상탈취(taking at sea) 등이 있다.

2) 해상손해(Marine Loss)의 유형

해상보험에 있어서 손해란 보험의 목적인 선박, 적하 또는 운임 등에 해상위험(보험사고)이 발생함으로써 보험의 목적이 멸실, 손상되거나 점유를 상실함으로써 생기는 피보험자의 재산상의 불이익을 말한다. 얼마만큼 손해가 구체화되었는지의 여부는 보험목적물의 멸실, 손상을 원상으로 회복시키는 데 소요되는 비용으로 결정된다.

| 표 7-1 | 해상손해의 종류

<table>
<tr><td rowspan="4">물적손해</td><td rowspan="2">전손(total loss)</td><td>현실전손(actual total loss)</td></tr>
<tr><td>추정전손(constructive total loss)</td></tr>
<tr><td rowspan="2">분손(partial loss)</td><td>단독해손(particular average)</td></tr>
<tr><td>공동해손(general average)</td></tr>
<tr><td rowspan="3">비용손해</td><td colspan="2">손해방지비용(sue and labour charges)</td></tr>
<tr><td colspan="2">구조비(salvage charges)</td></tr>
<tr><td colspan="2">특별비용(special charges)</td></tr>
<tr><td>배상책임손해
(liability loss)</td><td colspan="2">선박충돌손해배상책임(collision liability charge)</td></tr>
</table>

3) 물적 손해

특정인이 특정물에 대한 이해관계, 즉 소유, 취득, 담보, 수익 등을 통한 금전상의 손해로 전손(全損: total loss)과 분손(分損: partial loss)으로 구분된다. 해상손해 중 물적 손해란 피보험목적물 자체의 직접손실을 의미하며 손해의 정도에 따라 다음과 같이 구분된다.

(1) 전손(Total Loss)

① 현실전손(Actual Total Loss/Absolute Total Loss): 보험의 목적물이 현실적으로 전멸된 경우를 말하며, 피보험목적물의 실질적인 멸실(physical destruction), 피보험목적물의 성질의 상실(alteration of species), 피보험목적물의 회복될 수 없는 박탈(irretrievable depreciation) 등이 이에 해당한다.

② 추정전손(Constructive Total Loss): 보험의 목적물이 현실적으로 전멸하지는 않았으나 그 손해 정도가 심하여 본래 그 목적물이 가진 용도에 사용할 수 없게 되었을 때와, 수선 및 수리비가 수선 후 목적물이 가지는 시가보다 클 때 위부에 의하여 추정전손의 인정을 받을 수 있다.

(2) 분손(Partial Loss)

① **단독해손(Particular Average)**: 보험목적물의 일부에 발생하는 손해로서 공동해손이 아닌 것이다. 피보험자 단독으로 입은 손해로 해상손해를 단독으로 부담한다는 점에서 공동해손과 구별된다. 화물의 일부가 항해 중에 담보위험에 의하여 멸실, 손상을 입어 전손되는 경우(일부의 전손)와 보험목적물의 전부 또는 일부가 손상을 입는 경우(전부, 일부의 손상)가 해당된다.

② **공동해손(General Average)**: 보험목적물(선박이나 화물)이 공동의 안전을 위하여 선장의 고의적 비상조치로 희생되었을 때, 이해관계자가 그들이 받은 혜택의 정도에 따라 공동으로 그 손해와 비용을 분담하는 손해를 말한다.

3 위부(委付: Abandonment)

1) 의의

추정전손시 보험금 전액을 청구하기 위하여 보험목적물에 잔존한 피보험자의 일체의 이익과 소유권에 기인한 일체의 권리를 보험자에게 이전시키는 것을 말한다.

2) 절차

추정전손 발생시 위부의 뜻을 서면으로 통지[3]해야 하고 보험자의 위부 승인이 있어야만 위부가 성립되고 승인은 명시, 묵시의 승인 모두 가능하다. 승인되지 않은 경우 그 손해는 분손으로 처리되게 되며 이를 막기 위해서 피보험자는 소송제기를 통해 위부통지에 법률상 효과를 부여할 수 있다.

---

3) 피보험자가 위부를 하고자 하는 경우에는 위부사유발생 후 일정한 기간 내에 보험자에게 위부의 통지를 하여야 하며, 위부의 통지를 하지 아니한 경우에 위부권은 소멸되지만 분손 또는 전손으로 손해보상을 청구할 수 있다.

3) 요건

추정전손이 불가피하다는 것이 피보험자에 의하여 증명되어야 한다. 위부는 무조건적이어야 하고 보험목적물 전부에 대하여 위부를 해야 한다.

4) 효과

위부 성립시(위부 승인시) 피보험자의 일체의 이익과 소유권에 기인한 일체의 권리를 보험자가 승계한다.

4 대위(代位: Subrogation)

1) 의의

대위란 글자 그대로 다른 사람의 위치에 서는 것, 즉 보험자가 보험목적물에 대한 보험금을 지급한 경우 보험목적물에 잔존하는 피보험자의 이익이나 권리를 승계하는 것을 말한다.

피보험자가 보험자로부터 보험금을 지급받고도 보험의 목적에 잔존하는 권리나 제3자에게 대한 손해배상청구권을 그대로 갖고 있다면 피보험자는 부당한 이익을 보게 된다. 따라서 피보험자의 부당이득을 방지하기 위해서 대위를 인정하고 있다.

2) 종류

(1) 잔존물 대위

보험목적물에 잔존하는 피보험이익, 즉 잔존물에 대한 모든 권리를 승계한다. 보험의 목적의 전부가 멸실된 경우에 보험금액의 전부를 지급한 보험자는 그 목적에 대한 피보험자의 권리를 취득하는데 이를 잔존물 대위라 한다.

(2) 구상권 대위

목적물에 대한 피보험자의 일체의 권리 및 구제수단을 클레임 발생시에 소급하여 취득(소급취득이란 이중손해배상 방지를 위하여 제3자의 행위에 의하여 보험사고 발생시 제3자에 대한 구상권 등 모든 권리를 승계함을 의미)한다.

3) 효과

① 보험금의 지급으로 잔존물 승계의 권리를 이전받는다(잔존물 대위).
② 보험금 지급시 피보험자가 가지는 일체의 권리 및 구제수단을 대위한다(구상권 대위). 보험가액의 일부를 보험에 부보한 경우는 보험가액에 대한 비율에 따라서만 대위가 가능하다.

5 협회적하약관

1) 협회적하약관의 개념

협회적하약관(Institute Cargo Clause: ICC)이란 해상적하보험의 보상범위에 관한 보험조건을 규정한 것으로서 원래는 해상보험증권에 첨부하여 사용하기 위해 런던 보험자협회(Institute of London Underwriter: ILU)가 1912년에 제정한 특별약관을 말한다. 한편 종래의 약관에 대한 개정의 필요성이 있어 1978년 제8차 UNCTAD 총회에서 해상보험증권의 약관과 관습에 대한 일체의 문제를 검토하기로 결정하였다. 이에 따라 영국에서도 협회적하약관의 개정을 검토하게 되고 그 결과 전면개정안인 신협회적하약관이 1982년 1월 1일부터 시행되었다. 우리나라는 1983년 4월부터 신 · 구약관을 병행하여 사용하고 있다.

2) 구협회적하약관의 담보조건

(1) 전위험담보

① 전위험담보(All Risks: A/R)란 특정한 면책위험을 제외하고는 전위험을 담보하는 조건이다. 전위험담보(A/R)의 면책위험으로는 화물의 고유의 성질이나 하자로 인한 손해와 항해의 지연으로 인한 손해, 그리고 전쟁 및 동맹파업위험 등이 있다.

② 전위험담보(A/R)는 보험자가 부담하는 위험범위가 넓은 만큼 보험료도 고율이며 일반적으로 고급잡화제품의 부보에 주로 이용된다.

③ 전위험담보조건은 신협회적하약관 ICC(A)와 담보범위가 동일하며, 다만 신협회적하약관에서는 면책위험을 구체적으로 명기함으로써 당사자 간의 분쟁의 소지를 어느 정도 해소하였다.

(2) 분손담보

① 분손담보(With Average: WA)란 분손부담보(FPA)조건에서 보상하는 손해에 추가하여 악천후로 인한 해수침손(sea water damage)과 갑판유실 등을 추가로 보상해주는 조건이다. 분손담보조건과 신협회적하약관 ICC(B)는 그 보상범위가 동일하다.

② 분손담보조건은 WA 3%와 WAIOP(With Average Irrespective of Percentage)로 구분되어 있으나 ICC(B)는 그러한 구분이 없이 분손의 경우에 손해비율에 관계없이 손해액 전액을 보상한다.

(3) 분손부담보

① 분손부담보(Free from Particular Average: FPA)란 보험목적물의 전손 및 공동해손의 경우와 손해방지비용, 구조료, 특별비용, 특정분손 등의 손해를 보상하는 조건이다. 이는 선박의 좌초(stranding), 침몰(sinking), 화재(burning), 충돌(collision)로 인한 경우 이외의 단독해손 손해를 보상하지 않으므로 단독해손부담보조건이라고도 한다.

② 분손부담보(FPA)조건에서는 하역작업 중에 발생한 포장단위당의 전손을 보상

하고 있으나, 신약관 ICC(C)에서는 이를 보상하지 않는 점에서 그 차이가 있다.

(4) 전손담보

전손담보(Total Loss Only: TLO)란 보험목적물이 전부 멸실할 경우의 손해, 즉 현실전손(actual total loss) 및 보험목적물에 막대한 손해를 입어 전손으로 추정하는 경우의 손해, 곧 추정전손(constructive total loss)에 한하여 보험자가 담보의 책임을 지는 조건이다. 이는 분손, 곧 공동해손이나 단독해손의 경우에는 보상하지 않는 조건으로서 실제로는 거의 이용되지 않고 있다.

그림 7-1 구협회적하약관의 담보조건

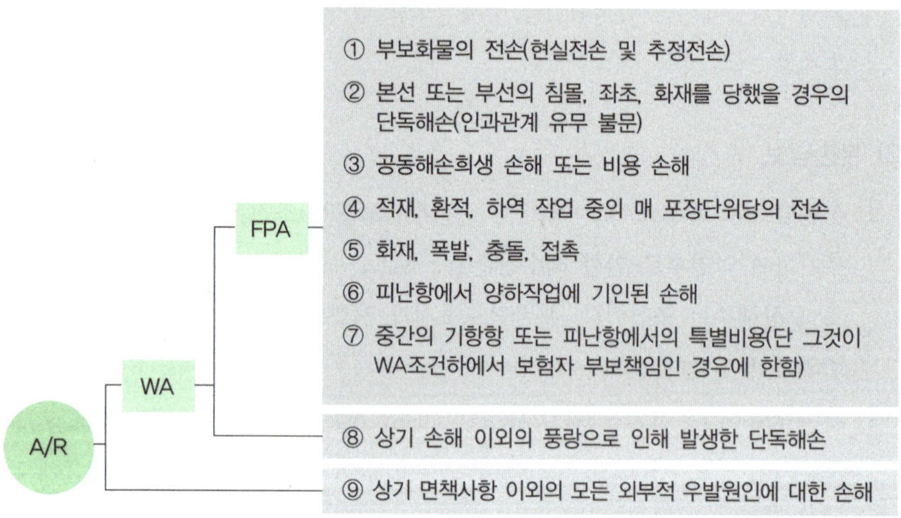

3) 신협회적하약관

(1) 신협회적하약관

종래의 구약관은 담보위험의 성질에 따라 분류하였으나 신약관에서는 이러한 분류를 떠나서 담보범위가 큰 것으로부터 ICC(A), ICC(B), ICC(C)으로 순서대로 분류하고 있어 종래의 위험위주 분류의 개념은 없어진 것이다. ICC(A)는 포괄책임주의 입장이며, ICC(B), ICC(C)는 열거주의 입장이다.

(2) 신협회적하약관의 담보위험과 면책위험

| 표 7-2 | 2009년 개정 신협회적하약관의 담보위험

약관조항	담보위험	A	B	C	비고
제1조	① 화산 · 폭발	○	○	○	좌기의 사유에 상당 인과관계가 있는 멸실 · 손상
	② 선박 · 부선의 좌초 · 교사 · 침몰 · 전복	○	○	○	
	③ 육상운송용구의 전복 · 탈선	○	○	○	
	④ 선박 · 부선 · 운송용구의 타물과의 충돌 · 접촉	○	○	○	
	⑤ 조난항에서의 화물의 양하	○	○	○	
	⑥ 지진 · 분화 · 낙뢰	○	○	×	
	⑦ 공동해손희생	○	○	○	좌기의 사유로 인한 멸실 · 손상
	⑧ 투하	○	○	○	
	⑨ 갑판유실	○	○	×	
	⑩ 해수 · 조수 · 하천수의 운송용구 · 컨테이너 · 지게자동차 · 보관장소에 침수	○	○	×	
	⑪ 적재 · 양륙 중에 수몰 · 낙하에 의한 짐꾸림 1개당의 전손	○	○	×	
	⑫ 상기 이외의 일체의 위험	○	×	×	
제2조	⑬ 공동해손조항	○	○	○	
제3조	⑭ 쌍방과실충돌조항	○	○	○	

주: ○표 – 보험자가 담보, ×표 – 보험자가 부담보

| 표 7-3 | 2009년 개정 신협회적하약관의 면책위험

약관조항	면책위험	A	B	C
제4조	① 피보험자의 고의적인 불법행위	×	×	×
	② 통상의 누손, 중량 · 용적의 통상의 감소, 자연소모	×	×	×
	③ 포장 또는 포장준비의 불완전 · 부적합	×	×	×
	④ 물품고유의 하자 · 성질	×	×	×
	⑤ 지연	×	×	×
	⑥ 선박소유자 · 관리자 · 용선자 또는 운항자의 지급불능 또는 채무불이행	×	×	×
	⑦ 어떤 자의 불법행위에 의한 의도적인 손상 또는 파괴	○	×	×
	⑧ 원자핵무기에 의한 손해	×	×	×
제5조	⑨ 피보험자 또는 그 사용인이 인지하는 선박의 내항성 결여 부적합	×	×	×
제6조	⑩ 전쟁위험	×	×	×
제7조	⑪ 동맹파업	×	×	×

주: ○표 – 보험자가 담보, ×표 – 보험자가 면책

CHAPTER 8

통 관

1. 수출입통관
2. 과세요건
3. 관세의 납부
4. 보세제도
5. 통관의 제한

1 수출입통관

통관이란 관세법에 따른 절차를 이행하여 물품을 수출 · 수입 또는 반송하는 것을 말하며, 반송은 국내에 도착한 외국물품이 수입통관절차를 거치지 아니하고 다시 외국으로 반출되는 것을 말한다.

반송 VS 재수출

- **반송**: 외국물품 → 외국물품
- **재수출**: 외국물품 → 내국물품 → 외국물품

1) 수출입신고

① 물품을 수출 · 수입 또는 반송하고자 하는 때에는 당해 물품의 품명 · 규격 · 수량 및 가격 등을 세관장에게 신고하여야 한다.

표 8-1 | 수출통관절차

구분	내용
수출신고 시기	수출품 선적 전까지(예외적으로 선적 후 신고가능)
수출신고서류	• 수출신고서(세관보관용 및 수출신고필증용) • 수출승인서(E/L) • 상업송장(commercial invoice) • 포장명세서(packing list) • 기타 세관장 요구서류
수출신고인	관세사, 관세사법인, 통관법인 또는 화주
서류심사	관세법, 대외무역법, 외국환거래법, 기타 특별법상 적법 여부 최종심사
실물검사/감정	• 검사목적: 위장, 불법 수출 방지 • 검사내용: HS품목분류번호, 품명 • 검사방법: 무작위추출(random sample) 불규칙검사와 전량필수검사
수출신고필증교부	수출신고한 서류심사 및 실물검사 감정결과 적법하면 수출자에게 수출신고필증 교부
선적	수출신고필(신고수리) 후 30일 이내에 선적

② 신고 생략 또는 간이신고대상

- 휴대품 · 탁송품 또는 별송품
- 우편물
- 관세가 면제되는 물품
- 컨테이너(기본세율이 무세인 것에 한한다)

③ 물품을 반입일 또는 장치일부터 30일 이내에 신고를 하여야 한다.

④ 기간 내에 수입 또는 반송의 신고를 하지 아니하는 때에는 과세가격의 100분의 2에 상당하는 금액의 범위 안에서 가산세로 징수한다.

2) 수출 · 수입 · 반송 등의 신고인

① 화주 또는 관세사 등의 명의로 하여야 한다.

② 수출신고의 경우에는 화주에게 당해 수출물품을 제조하여 공급한 자의 명의로 할 수 있다.

3) 신고의 요건

① 수입의 신고는 당해 물품을 적재한 선박 또는 항공기가 입항된 후에 한하여 할 수 있다.

② 반송의 신고는 당해 물품이 이 법에 규정된 장치장소에 있는 경우에 한하여 할 수 있다.

4) 입항전 수입신고

① 당해 물품을 적재한 선박(입항 5일 전부터) 또는 항공기(입항 1일 전부터)가 입항하기 전에 수입신고를 할 수 있다. 이 경우 입항전 수입신고가 된 물품은 우리나라에 도착된 것으로 본다.

② 세관장은 입항전 수입신고를 한 물품에 대하여 물품검사의 실시를 결정한 때에는 수입신고를 한 자에게 이를 통보하여야 한다.

표 8-2 수입통관절차

구분	내용
수입신고시기	• 원칙: 선박 또는 항공기 입항 후 • 입항전 신고: 신속한 통관이 필요시(출항 후) • 출항전 신고: 신속통관이 필요하고 운송기간이 단기간일 때 • 보세구역장치 후 신고: 보세구역 반입 후에 수입신고(주로 심사/검사 대물품목) • 보세구역장치 전 신고: 물품도착 후 장치장 입고 전에 신고
수입신고서류	• 수입신고서, 수입승인서(I/L) • 상업송장(Commercial Invoice) • 포장명세서(Packing List) • B/L 사본, 기타(원산지증명서 등)
수입신고인	관세사, 관세사법인, 통관법인 또는 화주
통관심사	수입신고를 접수한 세관은 수입신고서류의 서면심사 및 현품검사(해당시) 후 적법하면 수입신고수리함
관세납부	납세신고수리 후 15일 이내에 세관에 납부(수리 전도 납부가능)
수입신고필증교부	납세신고수리 후 관세를 납부하고 납부서를 세관에 제출하면 수입신고필증이 교부되며, 이로써 외국물품이 아닌 내국물품이 되어 운송 및 처분이 가능하다.

2 과세요건

세금을 부과하는 데 갖추어야 할 몇 가지 조건을 과세요건이라고 한다. 관세법을 비롯한 모든 세법에는 과세요건에 관한 규정이 있으며, 이러한 과세요건을 갖추지 아니하면 세금을 부과할 수 없다.

관세의 4대 과세요건

① 과세물건
② 납세의무자
③ 관세율
④ 과세표준

1) 과세물건

(1) 과세물건

① 과세의 객체 또는 과세대상을 말한다.

② 과세물건은 우리나라에 수입되는 물품이다.

③ 원칙적으로 무체물은 과세대상이 아니다.

④ 지식재산권이 수입물품의 가격에 산입되어 있는 경우에는 관세평가의 제1방법에 의하여 과세대상이 되며, 관세가 부과되는 결과를 초래한다.

(2) 과세물건의 확정 시기

① 운송 중에 중량이나 수량이 감소되거나 부패, 변질 또는 손상될 수 있기 때문에 관세는 수입신고(입항전 수입신고를 포함한다)를 하는 때의 물품의 성질과 그 수량에 따라 부과한다.

② 과세물건 확정시기는 수입신고시점이다.

(3) 적용법령

관세의 적용법령에 대해서는 법에서 "수입신고 당시의 법령에 의하여 부과한다"라고 규정하고 있어 과세물건 확정시기와 같이 수입신고 시점을 채택하고 있다.

2) 납세의무자

(1) 원칙적인 납세의무자

원칙적으로 물품을 수입하는 때의 화주가 관세의 납세의무자이다.

원칙적인 납세의무자

① 수입을 위탁받아 수입업체가 대행수입한 물품인 경우: 그 물품의 수입을 위탁한 자

② 수입을 위탁받아 수입업체가 대행수입한 물품이 아닌 경우: 대통령령으로 정하는 상업서류에 적힌 수하인(受荷人)

③ 수입물품을 수입신고 전에 양도한 경우: 그 양수인

(2) 예외적인 경우

예외적인 경우 특별납세의무자, 연대납세의무자, 납세보증인 등이 관세의 납세의무자가 된다.

3) 관세율

(1) 관세율

관세율이란 세액을 결정하기 위하여 과세표준에 대하여 적용되는 비율(과세표준×관세율=세액)을 의미한다.

(2) 관세율의 종류

① **기본세율**: 관세율표상의 기본세율이다.

② **잠정세율**: 기본세율을 적용할 수 없는 사유가 있을 때 잠정세율을 적용하게 되고, 사유종료 시에는 기본세율로 환원된다.

③ **간이세율**: 관세, 부가가치세, 개별소비세, 주세, 교육세 등 제세가 부과되는데 시간이 많이 소요되므로, 일부대상에 대하여 단일세율을 적용하여 과세의 간소화를 도모한다.

④ **합의에 의한 세율**: 신고인의 요청이 있는 경우 품목별 세율 중 가장 높은 세율을 모든 품목에 적용하여 과세통관할 수 있도록 하고 있다. 과세편의와 신속통관을 도모하는 데 그 목적이 있다.

⑤ **탄력관세율**: 행정부가 탄력적으로 운영한다.

⑥ **환급에 갈음한 인하세율**: 수출용원재료 중 수출용으로만 사용될 것으로 예상되는 특정 품목은 기본세율보다 훨씬 세율을 인하하여 수입 시에 이 세율을 적용하고 다음에 환급을 받지 않도록 하고 있는데, 이것을 환특세율이라고 한다.

⑦ **협정관세율**: 외국과의 조약 또는 국제기구협정에 의거하여 결정된 관세율이다.

⑧ **용도세율**: 동일한 물품이라도 당해 물품의 용도에 따라 관세율이 상이한 경우 용도에 따라 세율을 달리하는 세율 중에서 낮은 세율을 적용한다. 사후관리로 용도세율의 적용을 받은 물품은 수입신고수리일로부터 3년의 범위 안에서 관

세청장이 정하는 기간 내에는 용도 외 사용이 불가능하고, 용도 외 사용 시 차액을 즉시 징수한다.

⑨ **일반특혜관세**(Generalized System of Preferences): 선진국이 개발도상국의 물품을 수입하는 경우 무차별적으로 관세를 인하시켜주는 제도로 1971년 유럽공동체(EC) 6개국에서 처음 도입되어 현재 미국, 유럽연합(EU), 일본 등 37개국이 이 제도를 운용하고 있다.

(3) 탄력관세제도

법률에 의하여 일정한 범위 안에서 관세율의 변경권을 행정부에 위임하여 국내외적 경제여건 변화에 신축성 있게 대응하여 관세정책을 효과적으로 수행하는 것을 목적으로 한다.

① **덤핑방지관세**: 외국물품이 덤핑이라는 불공정 무역행위로 국내시장을 침범하려고 할 때 이를 방지하고자 부과한다.

② **상계관세**: 수출국에서 보조금, 장려금 등을 받은 물품이 수입되어 국내산업 저해 시 기본관세율 이외 보조금 등의 금액 이하의 관세를 추가하여 수입을 억제하고자 부과한다.

③ **보복관세**: 수출물품에 불리한 취급을 하는 나라로부터 수입 시 무역이익 침해 상당액을 부과한다.

④ **긴급관세**: 특정 물품의 수입으로 국내생산자에게 중대한 피해를 주거나 우려가 있는 경우 국내외 가격차 상당비율을 부과한다.

⑤ **농림축산물 특별긴급관세**: 농산물에 대하여 국내외 가격차만큼 관세 상당치로 양허되어 수입자유화된 품목에 대해 수입량이 급증하거나 수입가격이 하락한 경우 관세 상당치에 자동적으로 추가관세를 부과해 국내의 농축산산업을 보호한다.

⑥ **조정관세**: 정부의 수입자유화 개방정책 실시에 따라 그 부작용을 관세정책면에서 시정 · 보완하고자 1984년부터 실시하고 있다.

⑦ **계절관세**: 농산물, 자연식품 등 계절에 따라 현저한 가격 차이가 있는 물품의 수입으로 국내물가에 영향을 미치는 것을 방지하는 데에 목적이 있다.

⑧ **편익관세**: 조약에 의하여 관세상의 편익을 받지 않은 나라의 생산물품이 수입될 때 기존의 타국과의 조약에 의하여 부여하고 있는 편익의 범위 내에서 관세에 관한 편익을 부여한다.

⑨ **할당관세**: 물가안정, 주요 자원의 안정적 확보 등을 위하여 수입을 억제할 필요가 있는 경우에는 관세율을 높이고, 필요한 경우 양허를 할 수도 있는 관세이다.

4) 과세표준

(1) 관세의 과세표준

① 관세의 과세표준은 수입물품의 가격 또는 수량으로 한다(법 제15조).

② 현행 우리나라 관세법에서는 종가세를 원칙으로 하고 일부 예외적인 경우에 한하여 종량세를 적용하고 있다.

③ 현행 우리나라의 관세법에서는 HS 3706의 영화용 필름과 HS 8524.23 1000의 녹화된 비디오 테이프(폭이 6.5밀리미터를 초과하는 것, 20원/표준속도, 매분)에 대하여는 종량세를 적용하고 있다.

④ CIF가격을 원칙으로 하고 있으며, 우리나라, 일본, 태국, 대만, 중국 등 대다수 국가들이 CIF가격주의를 채택하고 있다.

(2) 과세가격의 결정

① 관세의 과세가격이란 수입물품의 가격을 의미한다.

② 과세가격의 결정이란 과세가격에 관한 자료를 가지고 관세법상의 요건을 충족시키는 과세가격을 확정하는 일련의 절차이다.

3 관세의 납부

1) 관세의 납부기한

① **신고납부**: 납세신고수리일부터 15일 이내
② **부과고지**: 납세고지를 받은 날부터 15일 이내
③ **수입신고 전 즉시반출신고**: 수입신고일부터 15일 이내

2) 가산세와 가산금

① **가산세**: 세관장은 관세의 수정이나 신고 등에 있어서 부족한 관세액을 징수하는 경우 가산세를 징수하며, 신고불성실 가산세와 납부불성실 가산세를 합한 금액을 가산세로 징수한다.
② **가산금**: 납부기한 내에 세금납부를 하지 않은 경우 부과하는 일종의 연체세로 관세체납방지가 목적이다.

4 보세제도

1) 보세구역물품의 장치

① 외국물품과 내국운송신고를 하고자 하는 내국물품은 보세구역에 장치해야 한다.
② **보세구역이 아닌 장소에 장치가능한 물품**
- 수출신고가 수리된 물품
- 크기나 무게의 과다, 기타의 사유로 보세구역에 장치하기 곤란하거나 부적당한 물품
- 재해, 기타 부득이한 사유에 해당하는 물품
- 검역물품

• 압수물품

• 우편물품

③ **보세구역 외 장치의 허가**

• 세관장의 허가를 받아야 한다.

• 담보의 제공을 명할 수 있다.

• 허가 수수료를 납부하여야 한다.

2) 보세구역의 종류

(1) 지정보세구역

국가, 지방자치단체, 공항(항만)시설, 관리법인의 시설을 지정보세구역으로 지정할 수 있다.

① **지정장치장**: 지정장치장은 통관을 하고자 하는 물품을 일시 장치하기 위한 장소로 세관장의 지정구역이다.

② **세관검사장**: 세관검사장은 통관을 하고자 하는 물품을 검사하기 위한 장소로 세관장이 지정하는 지역으로 세관검사장에 반입되는 물품의 채취 · 운반 등에 관한 비용은 화주가 부담한다.

(2) 특허보세구역

① **보세창고**: 외국물품이나 통관하고자 하는 물품을 장치한다.

② **보세공장**: 외국물품을 원료 또는 재료로 하거나 외국물품과 내국물품을 원료 또는 재료로 하여 제조 · 가공, 기타 이와 비슷한 작업을 할 수 있다.

③ **보세전시장**: 보세전시장에서는 박람회 · 전람회 · 견품시 등의 운영을 위하여 외국물품을 장치 · 사용할 수 있다.

④ **보세건설장**: 보세건설장에서는 산업시설의 건설에 소요되는 외국물품인 기계류 설비품 또는 공사용 장비를 장치 · 사용하여 당해 건설공사를 할 수 있다.

⑤ **보세판매장**: 보세판매장에서는 외국으로 반출하거나 관세의 면제를 받을 수 있는 자가 사용하는 것을 조건으로 외국물품을 판매할 수 있다.

3) 보세운송제도

보세상태에서 보세구역에서 보세구역으로 물품을 운송하게 할 수 있는 제도로 보세운송을 하고자 하는 경우 보세운송신고를 하여야 하며, 도착지에서 도착보고를 하여야 한다. 만일 보세운송하는 외국물품이 지정된 기간 내에 목적지에 도착하지 아니한 때에는 즉시 그 관세를 징수한다.

5 통관의 제한

1) 수출입의 금지

① 헌법질서를 문란하게 하거나 공공의 안녕질서 또는 풍속을 해치는 서적·간행물·도화·영화·음반·비디오물·조각물 기타 이에 준하는 물품

② 정부의 기밀을 누설하거나 첩보활동에 사용되는 물품

③ 화폐·채권 기타 유가증권의 위조품·변조품 또는 모조품

2) 지식재산권 보호

① 다음 각 호의 어느 하나에 해당하는 지식재산권을 침해하는 물품은 수출하거나 수입할 수 없다.

1. 「상표법」에 따라 설정등록된 상표권
2. 「저작권법」에 따른 저작권과 저작인접권(이하 "저작권 등"이라 한다)
3. 「식물신품종보호법」에 따라 설정등록된 품종보호권
4. 「농산물품질관리법」 또는 「수산물품질관리법」에 따라 등록되거나 조약·협정 등에 따라 보호대상으로 지정된 지리적 표시권 또는 지리적 표시(이하 "지리적 표시권 등"이라 한다)
5. 「특허법」에 따라 설정등록된 특허권
6. 「디자인보호법」에 따라 설정등록된 디자인권

② 관세청장은 지식재산권을 침해하는 물품을 효율적으로 단속하기 위하여 필요한 경우에는 해당 지식재산권을 관계 법령에 따라 등록 또는 설정등록한 자 등으로 하여금 해당 지식재산권에 관한 사항을 신고하게 할 수 있다.

③ 세관장은 신고된 지식재산권을 침해하였다고 인정될 때에는 그 지식재산권을 신고한 자에게 해당 물품의 수출입, 환적, 복합환적, 보세구역 반입, 보세운송 또는 일시양륙의 신고 사실을 통보하여야 한다. 이 경우 통보를 받은 자는 세관장에게 담보를 제공(과세가격의 120%)하고 해당 물품의 통관 보류나 유치를 요청할 수 있다.

④ 지식재산권을 보호받으려는 자는 세관장에게 담보를 제공(과세가격의 150%)하고 해당 물품의 통관 보류나 유치를 요청할 수 있다.

⑤ 세관장은 수출입물품이 상표권 및 저작권 등을 침해하였음이 명백한 경우에는 직권으로 해당 물품의 통관을 보류할 수 있다.

CHAPTER 9

무역서류

1. 송장
2. 포장명세서
3. 원산지증명서
4. 중량 및 용적증명서
5. 수입화물선취보증서
6. 파손화물보상장
7. 대도(대도 각서)
8. 선하증권
9. 해상화물운송장
10. 항공화물운송장
11. 보험서류

1 송장

1) 의의

매도인이 매수인 앞으로 작성해 보내는 선적화물의 내용명세서이다. 계산서 및 청구서 역할을 하는 서류로 무역서류 중 매우 중요한 서류이다.

2) 기능

① 송화명세서로서 발송한 물품의 주요 사항을 상세하게 명시한다.

② 매매계산서 및 대금청구서로서 물품의 대금 및 제비용 등 주요한 가격구성요소를 구체적으로 명시하고 있으며 수하인의 입장에서는 수입화물의 매입서가 된다.

③ 세관신고의 증명자료로서 과세표준 산정의 기초자료가 된다.

④ 무역금융의 필수서류로 화환어음의 담보물권인 '선적서류'에는 반드시 이들의 명세서 및 계산서 역할을 하는 송장이 포함되어야 한다.

3) 종류

(1) 상업송장(Commercial Invoice)

① 선적송장(Shipping Invoice): 일반적인 의미의 송장으로 수출업자가 계약물품 선적 후 발행하여 환어음, 선적서류 등과 함께 수입업자에게 보내진다.

- 수출송장(Export Invoice): 수출상이 자기의 위험과 비용으로 해외의 수입상에게 물품을 송부하여 판매하는 경우 사용되는 송장을 말한다.
- 매입위탁송장(Indent Invoice): 수입상이 수출상에게 물품매입을 위탁하는 경우 수출상이 수입상의 매입대리인으로서 당해 물품을 선적할 때 작성하는 송장을 말한다.

② 견적송장(Pro-forma Invoice): 견적용(quotation)으로 사용하기 위하여 작성되거나 수입상이 본국의 수입허가(import permit), 외환사용허가(foreign exchange permit)를 얻기 위하여 수출상에게 요구하는 송장으로 주로 수입물품의 가격을 견적해준다.

(2) 공용송장(Official Invoice)

① **영사송장**(Consular Invoice): 수입관세의 포탈, 외화도피 등을 방지하기 위하여, 또는 수출국 소재 수입국 공관의 사증료 수입을 증대시키기 위하여 수입국에서 요구하며, 수출국 주재 수입국 영사에 의해 인증·사증된다.

② **세관송장**(Customs Invoice): 수입화물에 대하여 과세가격의 결정기준 또는 외국 수출상의 덤핑유무를 확인 또는 쿼터품목 통관기준량 계산 또는 전반적인 수입통제를 위하여 수입지 세관이 요구하는 송장으로 수출상이 직접 작성한다.

그림 9-1 견적송장

① ACE TRADING CO., LTD

11-2, Namchen-Dong, Suyeung-Gu, Busan, Korea
TEL.82-51-611-6587, FAX.82-51-611-6589, e-mail: ace@ace.com

② Messrs. MeRong Car House
OSAKA, JAPAN

③ Offer No.: JH-0302-008
④ Date: May 02, 2020

PROFORMA INVOICE

We are pleased to quote the under-mentioned goods as per conditions and details described as follows.

⑤ Items No.	⑥ Commodity	⑦ Description	⑧ Quantity	⑨ Unit price	⑩ Amount
MA-001	MALTA	ALL NEW	10 UNITS	USD 8,500.00	USD 85,000.00 (CIF Osaka, Japan)

⑪ Origin : Republic of Korea(R.O.K.)
⑫ Packing : Standard packing for export with 40FT HQ
⑬ Shipment : On or about June 15, 2011
⑭ Shipping port : Busan, Korea
⑮ Inspection : Shipper's inspection to be final
⑯ Destination : Osaka, Japan
⑰ Payment : Irrevocable at sight L/C
⑱ Validity : May 12, 2020
⑲ Remarks : Transhipment are allowed

Looking forward to your valued order for the above offer.

yours faithfully,

LEE KI

PRESIDENT

LEE KI
PRESIDENT

2 포장명세서

포장명세서란 적재화물의 포장 및 단위별 명세, 순중량(net weight), 총중량(gross weight), 용적(measurement), 화인(shipping marks) 등을 기재한 상업송장의 보조서류로 수출상이 수입상 앞으로 작성하는 서류이다. 특히 포장명세서 총중량과 용적은 선하증권(bill of lading)의 내용과 일치되어야 한다. 포장명세서에는 중량 외에도 수출화물의 용적(measurement)을 표시함으로써 선박회사와 운송계약을 체결할 때 운송료 및 운송부대비용 산출의 일차적인 기준이 된다.

3 원산지증명서

원산지증명서(Certificate of Origin: C/O)란 수출물품의 원산지를 증명하는 서류이다. 이는 수입상이 물품을 수입할 때 관세협약 등에 의해 협정관세율을 적용받거나 덤핑방지 등 무역정책상 또는 무역통계를 목적으로 요청하게 된다. 우리나라에서는 일반 원산지증명서는 상공회의소에서 발행하고 있으며, FTA 원산지증명서는 관세청에서 발급하고 있다.

| 표 9-1 | 원산지증명서의 종류

구분	원산지증명서의 종류별 특징
일반 원산지증명서	상공회의소 또는 관세청의 규격양식으로 발행한 원산지증명서
수출자 원산지증명서	• 수입자 요청에 의하여 수출자 또는 제조업자 양식으로 작성한 원산지증명서 • 수출자(제조업자)가 반드시 서명을 하여야 한다. • 상공회의소 발급 신청 시에는 수입자 요청사항에 대한 내용이 기재된 신용장 사본이나 계약서 사본과 상업송장을 첨부하여야 한다.
FTA 원산지증명서	• 관세인하 특혜를 받기 위한 원산지증명서로 관세청에서 발급한다. • 수출국, 품목 등에 따라 발급 여부를 결정한다.

그림 9-2 원산지증명 발급신청서

<table>
<tr><td>1. Exporter(Name, address, country)</td><td rowspan="2">원산지증명 발급신청서
대한 · 서울상공회의소 귀중

상공회의소 무역관계증명서 발급규정에 의하여 상기 물품의 원산지증명서 발급을 신청합니다.</td></tr>
<tr><td rowspan="2">2. Consignee(Name, address, country)</td></tr>
<tr><td>3. Country of Origin</td></tr>
<tr><td>4. Transport details</td><td>5. Remarks</td></tr>
<tr><td>6. Marks & numbers; number and kind of packages; description of goods</td><td>7. Quantity</td></tr>
<tr><td>8. 관련국(수출국):</td><td rowspan="3">12. 신청자 관련사항
서명등록번호:
상 호:
주 소:
대 표 자:
사용인감
※ 신청담당자: (전화:)</td></tr>
<tr><td>9. 특기사항
□ 발급자 실사인 (요청매수: 매)
□ 발급일자 소급 (요청일자: 월 일)
□ 2매 이상의 원본 (요청매수: 매)
□ 기 타
※ 해당 사항에 V 표시하고 관련서류를 첨부하여야 합니다.</td></tr>
<tr><td>10. 대행업체 및 서명번호(계산서 발행 시)
업체명: 서명등록번호:</td></tr>
<tr><td>11. 첨부서류: 1. 수출신고필증 사본 1부
2. 특기사항 관련 서류</td><td>13. 발급번호:</td></tr>
</table>

그림 9-3 원산지증명서

<table>
<tr><td>1. Exporter(Name, address, country)</td><td colspan="2">ORIGINAL</td></tr>
<tr><td rowspan="2">2. Consignee(Name, address, country)</td><td colspan="2">CERTIFICATE OF ORIGIN
issued by
THE KOREA CHAMBER OF COMMERCE & INDUSTRY
Seoul, Republic of Korea</td></tr>
<tr><td colspan="2">3. Country of Origin</td></tr>
<tr><td>4. Transport details</td><td colspan="2">5. Remarks</td></tr>
<tr><td colspan="2">6. Marks & numbers; number and kind of packages; description of goods</td><td>7. Quantity</td></tr>
<tr><td rowspan="2">8. Declaration by the Exporter
The undersigned, as an authorized signatory, hereby declares that the avove-mentioned goods were produced or manufactured in the country shown in box 3.

(Signature)

(Name)</td><td colspan="2">9. Certification
The undersigned authority hereby certifies that the goods described above originate in the country shown in box 3 to the best of its knowledge and belief.

INTERNATIONAL CHAMBER OF COMMERCE
ICC
CERTIFICATE OF ORIGIN
Accredited Chamber
WORLD CHAMBERS FEDERATION

Authorized Signatory</td></tr>
<tr><td colspan="2">Certificate No.</td></tr>
</table>

4 중량 및 용적증명서

중량 및 용적증명서(certificate of weight and measurement)란 수출화물을 선적하기에 앞서 공인검량인(public weigher, sworn measurer)에 의해 화물의 순중량, 총중량, 용적을 계량하여 발급해주는 서류로 선박회사 측은 총중량과 용적을 자료로 하여 선하증권을 발급하게 된다. 이외에도 위생증명서와 검역증명서 등의 부속서류가 있다.

5 수입화물선취보증서

수입화물선취보증서(Letter of Guarantee: L/G)란 수입물품은 이미 도착하였으나 운송서류가 도착하지 않았을 경우 운송서류 내도 이전에 수입상과 발행은행이 연대보증한 보증서를 선박회사에 선하증권 원본 대신 제출하고 수입화물을 인도받는 보증서이다. 이러한 수입화물선취보증서(L/G)는 형식적으로는 수입상이 선박회사 앞으로 발행하는 것으로서 인도받을 화물의 명세를 기재하고 화물선취에 관한 약정을 하며 발행은행은 보증인으로 서명하는데 실질적으로는 발행은행이 발행하는 증서로 간주되고 있다.

그림 9-4 수입화물선취보증서

Letter of Guarantee

To ____________________ L/G No. ____________________
[Shipping Company] Date ____________________

Vessel Name/Voyage No.		L/C No.	Date of Issue
Port of Loading		Invoice Value	
Port of Discharge(or Place of Delivery)		Description of Cargo	
B/L No.	Date of Issue		
Shipper		No. of Packages	Marks & Nos.
Consignee			
Party to be delivered			

Whereas you have issued a Bill of Lading covering the above shipment and the above cargo has been arrived at the above port of discharge(or the above place of delivery), we hereby request you to give delivery of the said cargo to the above mentioned party without production of the original Bill of Lading.

In consideration of your complying with our above request, we hereby agree as follows:

1. To indemnify you, your servants and agents and to hold all of you harmless in respect of liability, loss, damage or expenses which you may sustain by reason of delivering the cargo in accordance with our request, provided that the undersigned Bank shall be exempt from liability for freight, demurrage or expenses in respect of the contract of carriage.
2. As soon as the original Bill of Lading corresponding to the above cargo comes into our possession, we shall surrender the same to you, whereupon our liability hereunder shall cease.
3. The liability of each and every person under this guarantee shall be joint and several and shall not be conditional upon your proceeding first against any person, whether or not such person is party to or liable under this guarantee.
4. This guarantee shall be governed by and construed in accordance with Korean law and the jurisdiction of the competent court in Korea.

Should the Bill of Lading holder file a claim or bring a lawsuit against you, you shall notify the undersigned Bank as soon as possible.

Yours faithfully,

For and on behalf of
[Name of Requestor]

____
Authorized Signature

For and on behalf of
[Name of Bank]

____
Authorized Signature

(외환22호)(2-2)(99.8.2)(210×297)

6 파손화물보상장

파손화물보상장(Letter of Indemnity: L/I)은 물품운송계약에 있어서 운송화물이 손상되었을 경우 운송인이 고장부선하증권(foul B/L, dirty B/L)을 발행하지 않고 무고장선하증권(clean B/L)을 발행함으로써 부담하게 되는 책임을 송하인(consignor)이 부담하겠다고 하는 송하인의 서면상의 약속증서를 말한다.

그림 9-5 파손화물보상장

Letter of Indemnity

2020. .

S.S.M.V. " " Voyage No. Sailed

Dear Sir,

In consideration of your handling us clean Bill of Lading for our shipment by the above vessel as described below, the mate's receipt at which bears the following clause:

We hereby undertake and agree to pay on demand any clean that may thus arise on the shipment and/or the cost of any consequent reconditioning and generally to indemnify yourselves and/or agents and/or the owners of the said vessel against all consequences that may arise from your action.

Further, should any claim arise in respect of this goods, we hereby authorize you and/or agents and/or owners of the vessel to disclose this Letter of Indemnity to the underwriters concerned.

Your faithfully,

B/L No.

Marks & Nos.	No. of Packages	Description	Destination

7 대도(대도 각서)

수입화물의 대도(Trust Receipt: T/R)란 수입상은 어음대금을 결제하기 전이라도 수입화물을 처분할 수 있도록 하는 동시에 발행은행은 그 화물에 대한 담보권을 상실하지 않도록 하는 제도이다.

그림 9-6 수입화물대도신청서

수입화물대도(T/R)신청서

계	대리	차장	부점장

______________앞

본인은 아래 신용장 등에 의하여 도착된 수입화물을 대도신청함에 있어서 은행여신거래 기본약관, 따로 제출한 수입거래약정서 및 양도담보계약서의 모든 조항에 따를 것을 확약합니다.

<table>
<tr><td>① 선하증권 기타</td><td colspan="9">번 호: 발행인:
발행인:</td></tr>
<tr><td>② 대도(T/R) 금액</td><td colspan="9">금 액: US$ (원화:)</td></tr>
<tr><td>③ 신용장 등</td><td colspan="9">번 호: 발행인:
금 액: US$</td></tr>
<tr><td rowspan="2">⑦ 물품명세</td><td colspan="9">물품명: 화물표시 및 번호:
수 량:
단 가:
금 액: US$</td></tr>
<tr><td colspan="9">선적항: 선 명:
도착항:
도착(예정일):</td></tr>
<tr><td>⑧ 선적서류</td><td>선하 증권</td><td>항공화물운송장 등</td><td>상업 송장</td><td>보험 서류</td><td>포장명세서</td><td>원산지 증명서</td><td>중량 용적 증명서</td><td>검사 증명서</td><td>기타</td></tr>
<tr><td>통수</td><td></td><td></td><td></td><td></td><td></td><td></td><td></td><td></td><td></td></tr>
</table>

년 월 일

신청인 ㉿

주 소

인감대조

8 선하증권

1) 의의

선박회사가 화주로부터 위탁받은 화물을 선적 또는 선적을 목적으로 수탁한 사실과 화물을 지정된 목적지까지 운송하여 이 증권의 소지자에게 증권과 상환으로 운송화물을 인도할 것을 약속한 수령증권이자 유가증권을 말한다.

2) 기능

(1) 화물수령증(Receipt for Goods)

선박회사나 그 대리인이 매도인(송하인)으로부터 계약물품을 인수했다는 화물영수의 증거로서 수령증의 기능을 한다.

(2) 화물에 대한 권리증권(Document of Title)

선하증권에 기재된 물품을 대표하는 권리증권으로서 증권의 소유자는 증권면에 기재된 물품을 자유로이 처분할 수 있다.

(3) 운송계약조건의 증거서류

운송인과 화주 사이의 운송조건을 표시한다. 특히 계약서가 작성될 필요가 없는 개품운송계약의 경우 B/L 자체가 운송계약의 증빙 역할을 한다.

그림 9-7 선하증권

Bill of Lading

① Shipper			⑩ B/L No.
② Consignee			
③ Notify Party			
④ Pre-Carriage by	⑦ Place of Receipt		
⑤ Ocean Vessel	⑧ Voyage No.	⑪ Flag	⑬ Place of Delivery
⑥ Port of Loading	⑨ Port of Discharge	⑫ Final Destination	

⑭ Container No.	⑮ Seal No. Marks & Nos.	⑯ No. of Containers or Packages	⑰ Description of Goods	⑱ Gross Weight	⑲ Measurement

⑳ Total No. of Containers or Packages(in words)

㉑ Freight and Charges	㉒ Revenue Tons	㉓ Rate	㉔ Per	㉕ Period	㉖ Collect

㉗ Freight Prepaid at	㉙ Freight Payable at	㉛ Place of Issue
㉘ Total Prepaid	㉚ No. of Original B/L	㉜ Date of Issue

Laden on Board Vessel	
㉝ Date ㉞ By	㉟ ________________

9 해상화물운송장

1) 의의

해상운송에 있어서 운송계약의 증빙서류이며, 화물의 수령증으로서 기명식으로 발행되어 운송장상의 수하인에게 본인임이 증명만 되면 물품을 인도하는 운송증권이다.

2) 특징

① 단순한 화물의 수령증(권리증권 아님, 유가/유통증권 아님)이다.
② 양륙지에서 화물과 상환으로 제출되는 것을 조건으로 하지 않는다.
③ 기명식으로 발행된다(기명된 본인임만 확인되면 물품 수령).

3) 효용

① B/L을 이용하는 것에 비해 수하인이 물품을 신속하게 인도할 수 있는 장점이 있다.
② 견본송부와 같이 금융이 개입되지 않은 선적이나 다국적기업의 본 · 지사 간 거래 그리고 송하인, 수하인 간의 두터운 신뢰관계가 있는 경우에 효용이 있다.
③ 운송 중 전매가 이루어지기 쉬운 산화물의 경우는 사용이 부적절하다.

10 항공화물운송장

1) 의의

① 송하인과 운송인 사이에 운송계약이 체결되었다는 것을 나타내는 증거서류인 동시에 송하인으로부터 화물을 운송하기 위해 수령하였음을 나타내는 화물수

령증이다.

② IATA(International Air Transport Association: 국제항공운송협회)의 표준양식과 발행방식에 따라 동일한 운송장 사용이 의무화되었다.

2) 기능

① 운송계약의 증빙서류이다.
② 단순한 화물의 수령증(권리증권 · 유통증권 아님)이다.
③ 요금계산서(운임요금의 청구서)이다.
④ 보험증명서(항공사가 보험부보시)이다.

3) 항공화물운송장의 구성

표 9-2 항공화물운송장의 구성

분류	색	용도	기능
원본 1	녹색	발행항공사용	발행한 항공사가 운임, 기타 회계처리를 위해 사용하며, 또한 송하인과 항공사 간에 운송계약이 성립함을 증명하는 서류
원본 2	적색	수하인용	화물과 함께 목적지에 보내 수하인에게 인도
원본 3	청색	송하인용	출발지에서 송하인으로부터 항공회사가 화물을 수취하였다는 수령증 및 운송계약을 체결하였다는 증거서류
부본 4	황색	화물인도 항공사용	도착지에서 수하인이 화물 인수 시에 서명하고 인도 항공회사에 돌려주는 화물인도증명서 및 운송계약이행 증거서류
부본 5	백색	도착지 공항용	화물과 도착지 공항에 보내져(보통 세관관계 업무를 위해서) 사용됨
부본 6 부본 7 부본 8	백색	운송참가 항공사용	운송에 참가한 항공회사가 운임 정산을 위하여 사용함
부본 9	백색	발행대리점	발행대리점의 보관용
부본 10~11	백색	예비용	필요에 따라 사용

① 원본 3장, 부본 6장을 원칙으로 한다(IATA).

② 항공회사 Air Waybill, 대리점, Air Carrier로 구분하기 위해 MAWB, 대리점, 개별화물은 HAWB로 표기한다.

③ 지급, 인수, 매입을 위해 은행에 제시되어야 할 원본은 당연히 송하인용 원본 1부가 된다.

cf 선하증권 → full set

표 9-3 선하증권 VS 항공화물운송장 VS 해상화물운송장

구분	선하증권 VS 항공화물운송장 VS 해상화물운송장		
권리증권 여부	유가증권, 권리증권	단순한 화물수령증 (유통 불능)	단순한 화물수령증 (유통 불능)
발행방식	기명식, 지시식, 무기명식 중 하나	항상 기명식	항상 기명식
매매양도가능성	배서, 교부에 의해 양도가능(negotiable)	매매, 양도 불능(물권적 처분증권이 아님)	매매, 양도 불능(물권적 처분증권이 아님)
발행시기	선적식 (수령식도 있음)	수령식	선적식 (수령식도 있음)
제시 원본수	전통(full set)	송하인을 위한 1통	전통

그림 9-8 항공화물운송장

Shipper's Name and Address

Shipper's Account Number

Not negotiable

Air Waybill

issued by

KOREAN AIR

Copies 1, 2 and 3 of this Air Waybil are originals and have the same validity.

Consignee's Name and Address

Consignee's Account Number

Telephone :

It is agreed that the goods described herein are accepted in apparent good order and condition (except as noted) for carriage SUBJECT TO THE CONDITIONS OF CONTRACT ON THE REVERSE HEREOF.

THE SHIPPER'S ATTENTION IS DRAWN TO THE NOTICE

CONCERNING CARRIER'S LIMITATION OF LIABILITY. Shipper may increase such limitation of liability by declaring a higher value for carriage and paying a supplemental charge if required.

Issuing Carrier's Agent Name and City

Accounting Information

Agent's IATA Code

Account No.

Airport of Departure(Addr. of First Carrier) and Requested Routing

TO	By First Carrier / Routing and Destination	to	by	to	by	Currency	CHGS Code	WT/VAL PPD	WT/VAL COLL	Other PPD	Other COLL	Declared Value for Carriage	Declared Value for Customs

Airport of Destination

Flight/Date | For Carrier Use Only | Flight/Date

Amount of Insurance

INSURANCE-If Carrier offers Insurance, and such insurance is requested in accordance with conditions on reverse hereof, indicate amount to be insured in figures in box marked 'amount of Insurance'.

Handling Information

No. of Pieces RCP	Gross Weight	kg lb	Rate Class / Commodity item No.	Chargeable Weight	Rate / Charge	Total	Nature and Quantity of Goods (incl. Dimensions or Volume)

Prepaid	Weight Charge	Collect
	Valuation Charge	
	Tax	
	Total Other Charges Due Agent	
	Total Other Charges Due Carrier	
Total Prepaid		Total Collect
Currency Conversion Rates		CC Charges In Dest. Currency
For Carrier's Use Only at Destination		Charges at Destination

Other Charges

Shipper certifies that the particulars on the face hereof are correct and that insofar as any part of the consignment contains dangerous goods, such part is properly described by name and is in proper condition for carriage by air according to the applicable Dangerous Goods Regulations.

Signature of Shipper or his Agent

Executed on(date) at(place) Signature of Issuing Carrier or its Agent

Total Collect Charges

ORIGINAL 3(FOR SHIPPER)

11 보험서류

1) 보험증권(Insurance Policy)

보험계약에 관한 조건을 완전하게 기재하고 있는 보험계약의 증빙서류이자 유가증권이다.

2) 보험확인서(Insurance Certificate)

보험계약에 관한 조건을 약식으로 기재하고 있으며 보험계약의 증빙서류로 인정되지 않는다. 다만 포괄보험예정증명서에 의해 발행될 때는 보험확인서만으로도 수리가 가능하다.

3) 포괄예정보험증명서(Open Cover)

포괄보험이란 정기적으로 수출입을 하는 경우 동일한 부보조건으로 부보할 수 있는 최대금액을 정해두고 매번 선적 시마다 자동적으로 부보되는 형식을 말한다. 따라서 포괄보험증명서에 의한 보험을 들면 개별보험증권 없이 보험확인서, 확정통지서(insurance declaration)[1]만으로도 배상청구가 가능하며 은행에서 수리된다.

4) 보험인수증(Cover Note)

보험증권과 확인서는 보험인/보험회사가 자기책임하에 발행하는 것임에 반해 보험인수증은 보험중개인이 발행한다. 보험중개인은 보험인수증 발행 후 다시 보험회사와 정식 보험계약을 체결한다. 따라서 보험인수증만으로 보험회사에 손해배상을 청구할 수 없으므로 은행은 수리를 거절한다. 이를 부보각서라고 한다.

1) 포괄예정보험이 체결되어 있는 경우는 개개의 적화에 대하여 포괄예정보험에 부보되어 있음을 증명하는 보험증명서 또는 보험통지서가 발행된다.

CHAPTER 10

무역클레임과 분쟁해결

1. 무역계약의 소멸
2. 무역클레임
3. 분쟁해결의 방법
4. 상사중재

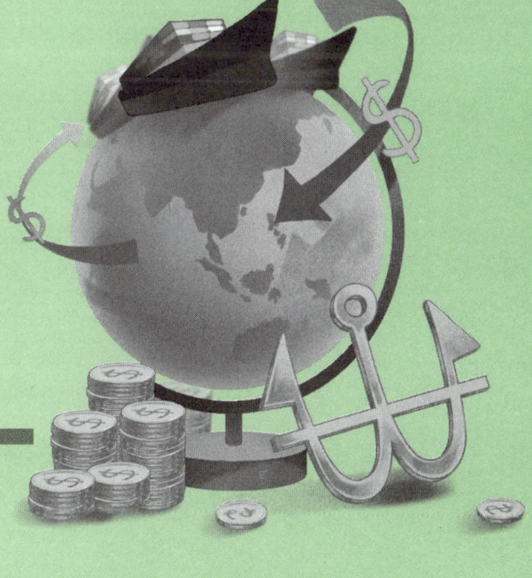

1 무역계약의 소멸

1) 의의

성립된 무역계약은 원칙적으로 매매당사자의 의무이행으로 계약목적을 달성하여 소멸되나, 이외에도 합의에 의한 소멸, 계약위반에 따른 소멸 및 Frustration에 의해서도 소멸된다.

2) 계약이행에 의한 소멸

매매당사자가 매매계약을 이행하기 위해서 운송계약, 보험계약 및 신용장거래약정 등 종속계약을 체결하는 등 매도인은 물품인도의무, 매수인은 대금지급의무를 이행함으로써 계약의 목적을 달성함으로써 계약이 소멸된다.

3) 합의에 의한 소멸

매매당사자는 유효하게 성립된 계약을 상호합의에 의해 해제시킬 수 있는데, 이처럼 당사자의 합의에 의해 발생하는 해제권을 약정해제권이라 한다.

4) 계약위반에 의한 소멸

① 계약이 성립되어 각 당사자의 의무의 이행시기가 도래하여도 의무를 이행하지 아니하는 경우에는 계약 상대방이 계약을 소멸시킬 수 있다.

② 매도인이 약정된 물품을 인도하지 아니하거나 매수인이 수령한 물품에 대한 대금을 지급하지 아니하는 경우에는 계약의 위반이 되며, 이로써 계약이 소멸될 수 있다

③ 이러한 계약위반에 대해서 매도인은 계약해제권, 대금청구권, 손해배상청구권을 가지게 되며, 매수인은 물품인수거절권, 손해청구건 및 대금반환청구권을 가지게 된다.

5) Frustration에 의한 소멸

① 당사자의 사망, 목적물의 멸실, 후발적 위험, 사정의 본질적 변화 등의 경우가 그 예라 할 수 있으며, Frustration에 의해 계약은 자동적으로 소멸된다.

② 무역계약은 매매당사자 사이의 권리의무를 규정하는 행위로 계약의 성립 후 이행과정에서 이해관계의 대립에 의한 분쟁이 발생할 가능성이 많고 예기치 않은 문제의 발생으로 계약이 이행불능에 빠질 수도 있으므로 계약의 성립과 이행, 소멸의 과정에 적용되는 제반조건을 충실히 통합시키고 준거법 및 분쟁해결규정을 반드시 삽입시키는 것이 필수적이다.

2 무역클레임

1) 무역클레임의 의의

무역클레임(claim)은 계약당사자의 일방이 매매계약내용을 불이행하여 상대방에게 손해를 끼쳤을 때 손해를 입은 당사자가 상대방에게 권리회복 또는 손해배상을 요구하는 것을 말한다. 무역클레임은 주로 물품의 성질, 선적지연, 선적불이행 등으로 수입자가 수출자에게 제기하는 경우와 대금결제와 관련하여 수출자가 수입자에게 제기하는 경우가 대부분이지만, 무역거래과정에서 관련되는 선박회사, 보험회사, 외국환은행 등이 클레임의 대상이 되기도 한다. 무역클레임은 쌍무적이고 객관적인 타당성을 지녀야 하며, 세심한 절차를 거치지 않은 클레임 처리는 법률적 효력의 보장을 받지 못한다. 클레임 사유가 발생하여 클레임을 제기할 때에는 제기방법에 대해 당사자 간 약정이 있으면 그 약정에 따르고, 약정이 없으면 일정한 요건을 충족시켜야 한다.

2) 무역클레임의 종류

(1) 물품에 대한 클레임

품질불량(inferior quality), 규격상이(wrong specification), 수량과부족(over/short shipment), 내용의 상이함(different contents) 등이다.

(2) 포장에 관한 클레임

불량포장(inferior packing), 부정포장(false packing), 포장결함(defective packing) 등이다.

(3) 선적에 관한 클레임

선적지연(delayed shipment), 선적불이행(non-delivery) 등이다.

(4) 마켓클레임(Market Claim)

시황이 Bear Market(시세 하락이 예상되는 시장)으로 접어들 때 클레임을 제기하는 것을 말한다.

(5) 운송에 관한 클레임

물품의 운송 중에 발생하는 하자에 대한 클레임이다.

(6) 악의적 클레임

매매당사자의 악의에 의한 것으로 매수인이 처음부터 교묘한 계획으로 작위적으로 매도인의 계약수행에 지장을 초래하게 한 데서 기인한 클레임을 말한다. 그러나 이러한 클레임은 일시적 현상이지 일반의 무역에서 발생하는 것은 아니다.

3 분쟁해결의 방법

1) 당사자 간 타협(Compromise)

① 제3자의 개입 없이 당사자 간에 원만한 해결을 하는 방식이다.

② 당사자 간 합리적인 방안을 모색, 서로의 잘못을 시인하고 잘못에 대해서 금전적으로 보상하거나 대체물품을 송부함으로써 해결하는 방식이다.

2) 조정(Conciliation)

① 당사자 간의 원만한 합의가 이루어지지 않아 중재를 신청한 경우, 중재에 앞서 객관적인 입장에 있고 전문지식이 있는 제3자(mediator)를 통하여 양 당사자간 의견을 좁혀 합의점을 찾도록 하는 방식이다.

② 조정에 의해 해결할 것을 양 당사자가 미리 합의하여야 한다.

③ 조정안을 수락할 것인가는 양 당사자의 자유의사에 속한다. 중재보다 절차는 간단하나 구속력이 없다.

3) 중재(Arbitration)

중재란 분쟁을 법원의 판결에 의하지 아니하고 당사자 간의 합의로 사인인 제3자에게 부탁하여 구속력이 있는 판정을 구함으로써 최종적인 해결을 얻는 단심의 분쟁해결제도이다.

국제물품매매거래는 국내거래와는 달리 양 당사자가 각기 다른 나라에 거주하는 격지 간 거래이므로 여러 가지 분쟁요인이 상존하고 있다. 이러한 분쟁상황이 발생 시 가장 좋은 해결방법은 당사자 간의 원만한 화해이지만 그렇지 못한 경우 소송제도보다 비용이나 시간적인 면에서 저렴하고 신속한 중재제도를 이용해 해결하는 것이 보다 합리적인 방법이다.

① 양 당사자가 공정한 제3자를 중재인으로 선임하고 이러한 중재인의 판정에 복종함으로써 최종적으로 해결하는 방법이다.

② 중재에 의하여 해결할 것을 양 당사자가 미리 합의하여야 한다.
③ 양 당사자는 중재판정(arbitral awards)을 거절할 수 없고 이에 구속된다.
④ 중재는 1회의 판정에 따라야 하며 중재에 의뢰한 사건은 소송에 의해 다룰 수 없다.

4) 소송(Litigation)

① 민간에 의한 자주적 해결방법이 실패로 돌아가면 최종수단으로 국가기관인 법원의 판결에 의하여 분쟁을 강제적으로 해결하는 방식이다.
② 시간과 경비의 소요가 많으며, 재판권이 상대국에 미치지 못하고 강제집행도 어려운 단점으로 효용이 적다.

4 상사중재

1) 의의

당사자가 공정한 제3자를 중재인(arbitrator)으로 선정하여 그의 판정에 복종함으로써 최종적으로 분쟁을 해결하는 민간인에 의한 자주적 분쟁해결방법의 최종단계이다.

2) 요건

① 당사자의 계약에 의하여 성립한다.
② 재판을 받을 수 있는 권리를 포기해야 한다.
③ 제3자의 판정은 최종적인 것이고 당사자는 그 판정에 복종해야 한다.
④ 중재판정(award)은 당사자 간에 확정적인 것이고 그 효력은 법원의 판결과 동일한 효력을 인정받는다.

3) 상사중재

① 민사나 상사분쟁에 국한된다.

② 통상적인 소송의 판결수속으로 해결할 수 있어야 한다.

③ 민사소송은 배제되어야 한다(불복 시 소송제기가 가능하다고 규정한 중재계약은 무효).

④ 제3자(arbitrator)의 판정에 일임하여야 한다.

⑤ 중재인의 판정은 최종적인 것이고 양 당사자는 승복해야 한다(불복가능하다고 규정한 중재계약은 무효).

4) 중재판정

① 중재인이 내린 최종결정을 의미한다.

② 중재계약의 범위 내에서 이루어져야 한다.

③ 계약의 이행, 정당한 배상 등 구제를 명할 수 있다.

④ 중재인의 과반수 찬성으로 판정(가부동수인 경우는 부결)된다.

5) 중재판정의 효력

① 중재판정이 절차상 확정되면 기판력(旣判力)이 발생한다(법원의 확정판결과 동등한 효력이 발생).

② 강제집행을 위해서는 따로 법원의 집행판결을 받아야 한다.

6) 뉴욕협약(New York Convention)

① 중재판정의 집행력 보장을 위해서 국제상업회의소와 UN 경제이사회가 주도하여 United Convention on the Recognition and Enforcement of Foreign Arbitral Awards(외국중재판정의 승인 및 집행에 관한 협약(뉴욕협약))이 체결되었다.

② 상사중재계약의 효력은 뉴욕협약 회원국 간에 상호주의에 의거 보장받게 된다.

7) 중재의 장 · 단점

(1) 장점

① 소송은 당사자 간의 합의가 없더라도 당사자 능력만 있으면 절차의 진행이 가능하나 중재는 반드시 당사자의 명시적 합의가 있는 경우에만 절차가 유효하게 법적 효력을 갖게 되므로 기본적인 분쟁의 해결방법은 소송이며 중재는 이를 보완한 해결수단이라 할 수 있으며 소송에 비해 다음과 같은 장점을 가지고 있다.

② **신속한 분쟁해결**: 소송은 복잡한 소송절차와 3심제이지만 중재는 절차가 간단하고 단심제로 인해 분쟁을 신속하게 해결할 수 있다.

③ **저렴한 비용**: 소송은 변호사 보수, 인지대 등의 엄청난 비용과 심급이 올라갈수록 인지대가 배가 되며 변호사도 다시 선임해야 하므로 비경제적인 반면에, 중재는 단심제이고 반드시 변호사를 선임할 필요가 없기 때문에 비용이 저렴하다.

④ **무역 전문가의 판정**: 소송은 법관이 판결하여 현실적으로 법률이론에는 밝지만 전문적인 상거래의 실무와 관습에 관한 경험도 반드시 그에 비례하여 밝은 것이 아닌 반면에, 중재는 고도로 전문화되고 기술화된 오늘날의 상거래에 맞는 중재인이 판정하므로 개개의 분쟁에 따라 실정에 맞는 합리적인 해결을 할 수 있다.

⑤ **비공개의 원칙**: 소송은 공개주의가 원칙이기 때문에 영업상의 비밀이나 사인(회사)의 비밀이 공개되어 대외신용도가 침해되기 쉬우나 중재는 엄격한 비공개주의에 따라 사인의 비밀이 절대 보호되므로 대외신용의 침해를 받을 우려가 없다.

⑥ **외국에서의 집행가능성**: 재판권은 국가주권의 일부이기 때문에 일국에서 행해진 재판은 타국에 효력을 미치지 않는 반면에 중재는 당사자 간 중재합의에

의한 것이므로 이를 사법상의 유효한 계약으로 보기 때문에 외국에서의 이행에 주권침해와 같은 문제는 발행하지 않는다.

(2) 단점

① 법적 안정성이 결여(법과 판례가 아니라 중재인의 양식에 따라 판정)되어 있다.

② 상소제도의 결여로 인한 오판의 위험(단심제이기 때문에)이 있다.

③ 중재인의 대리인 의식적 경향을 배제할 수 없다.

8) 재판관할조항

양 당사자가 뉴욕협약에 가입되어 있지 않거나 다른 사유로 중재합의가 이루어지지 못한 경우에는 어느 국가를 재판관할지역으로 할 것인지를 결정하여야 한다. 따라서 계약서를 작성하는 경우 미리 재판관할조항을 설정하는 것이 좋다.

We the undersigned parties, hereby agree to submit the below dispute to **the Korean Commercial Arbitration Board for arbitration in Seoul, Korea** in accordance with the Arbitration Rules of the Korean Commercial Arbitration Board and under the Laws of Korea with impeccable understanding that the arbitral award to be rendered on the dispute shall be final and binding upon all the parties concerned.

참고문헌

| 한국문헌 |

강원진 · 이양기, 『국제상거래론』, 박영사, 2014.

구종순, 『무역실무』, 박영사, 2019.

김철호, 『전자상거래』, 삼영사, 2016.

박광서, 『서비스무역』, 삼영사, 2018.

오원석 · 박광서, 『무역보험』, 삼영사, 2018.

이봉수, 『무역실무』, 도서출판 두남, 2013.

이양기, 『관세법』, 박영사, 2019.

이양기, 『무역실무』, 삼영사, 2020.

이양기 · 이기영, "Incoterms®2020 선적매매규칙의 실무적용상 유의점", 『국제상학』, 제34권 제4호, 한국국제상학회, 2019.

이우영 외, 『무역결제론』, 삼영사, 2019.

이우영 · 김철호, 『무역계약론』, 삼영사, 2018.

| 외국문헌 |

Banks S. L.(2002), "Impact of the U.S. Customs Compliance Improvement Plan," *Multinational Business Review*, Spring 2002.

John E. Murray, Jr.(1998), "An Essay on the Formation of Contracts and Related Matters under the United Nations Convention on Contracts for the International Sale of Goods," *Jounal of Law and Commerce*.

ICC(2019), Incoterms® 2020, ICC Publication No. 723E.

International Standby Practices(ISP98), ICC Publication No. 590.

WCO, "International Convention on the Simplification and Harmonization of Customs Procedure(Kyoto Convention)," SG 0113 E2, 2001.

| Website |

관세청, http://www.customs.go.kr/

국세청, http://www.nts.go.kr/

대한민국 법원, http://www.scourt.go.kr/

법무부, http://www.moj.go.kr/

Cornell University Law School, http://www4.law.cornell.edu/uscode/

ICC, https://www.iccwbo.be/icc-releases-incoterms-2020/, 22.Sep.2019

WESTLAW, http://web2.westlaw.com

UNI-PASS, http://portal.customs.go.kr/

찾아보기

| 저자약력 |

이양기

부산대학교 상과대학 무역학과 졸업
부산대학교 대학원 무역학과 석사과정 졸업(경제학 석사)
부산대학교 대학원 무역학과 박사과정 졸업(경제학 박사)
한국무역통상학회 회장, 한국무역학회 부회장, 한국무역상무학회 부회장
한국글로벌무역학회 부회장
한국국제상학회 상임이사, 한국관세학회 상임이사, 한국통상정보학회 상임이사
한국중재학회 상임이사, 한국경제통상학회 이사
한국아시아학회 이사, 한국산업경제학회 이사
부산대학교 홍보실장, 입학부본부장, 경제통상대학원 부원장
관세청 관세사자격시험 출제 및 채점위원
행정자치부 공무원시험 출제위원
현) 부산대학교 경제통상대학 무역학부장
　　부산대학교 경제통상연구원 부원장

[저서]
관세법, 박영사 ｜ 무역실무, 삼영사 ｜ 최신무역학원론(공저), 두남
국제상거래론(공저), 박영사 ｜ 무역결제론(공저), 삼영사

[주요 논문]
"블록체인 선하증권 운용을 위한 블록체인 플랫폼의 상호 연계 필요성",
　　『무역상무연구』, 제95권, 한국무역상무학회, 2022.
"Effect of International Trade and Business for Approval Mediated by Relationship
　　Capabilities on Korea's Export Growth", Journal of Korea Trade, vol.26 no.6,
　　2022 등 90여 편

*저자 홈페이지 http://trade.pusan.ac.kr

알기 쉬운 **국제상거래론**(제2판)

2020년 3월 30일 1판 1쇄 발행
2023년 2월 25일 2판 1쇄 발행

저　　자 | 이양기
발 행 인 | 이수영
발 행 처 | 도서출판 청람
　　　　　서울시 마포구 독막로 288(대흥동, 세양상가 109호)
전　　화 | 02) 3272－2601~2
팩　　스 | 02) 3272－2603
홈페이지 | http://www.crbooks.co.kr
이 메 일 | crbooks@daum.net
등　　록 | 2000년 8월 26일 제6－0509호

ISBN 978-89-5972-919-7　93320　　[정가 16,000원]